让我们成为演讲达人

七天打通表达力

松本幸夫 著
伽墨 译

图书在版编目（CIP）数据

让我们成为演讲达人：七天打通表达力/（日）松本幸夫著；伽墨译.—北京：华夏出版社，2015.1
ISBN 978-7-5080-6208-2

Ⅰ.①让… Ⅱ.①松… ②伽… Ⅲ.①演讲－语言艺术 Ⅳ.①H019

中国版本图书馆 CIP 数据核字（2015）第 019106 号

"HANASHI-BETA O 7-NICHIKAN DE KOKUFUKU SURU HON" by Yukio Matsumoto
Copyright © Yukio Matsumoto ,2002
All rights reserved.
Original Japanese edition published by Dobunkan shuppan Co.,Ltd.

This Simplified Chinese language edition published by arrangement with
Dobunkan Shuppan Co., Ltd., Tokyo in care of Tuttle-Mori Agency, Inc., Tokyo
Through Bardon-Chinese Media Agency, Taipei.

版权所有　翻印必究
北京市版权局著作权合同登记号：图字 01-2012-5681

让我们成为演讲达人：七天打通表达力

作　　者	［日］松本幸夫
译　　者	伽　墨
责任编辑	葛雪峰
出版发行	华夏出版社
经　　销	新华书店
印　　刷	三河市少明印务有限公司
装　　订	三河市少明印务有限公司
版　　次	2015 年 1 月北京第 1 版 2015 年 2 月北京第 1 次印刷
开　　本	880×1230　1/32 开
印　　张	6
字　　数	100 千字
定　　价	29.00 元

华夏出版社　地址：北京市东直门外香河园北里 4 号　邮编：100028
网址：www.hxph.com.cn　电话：（010）64663331（转）
若发现本版图书有印装质量问题，请与我社营销中心联系调换。

目　录

前言　舌尖上的魔力　001

第 1 天　我们为何变得笨嘴拙舌

1. 说得不好也没关系　　001
2. 造成嘴笨的 8 大原因　　003

 （1）忽视听众的反应　（2）害怕听众的目光
 （3）所讲内容只有自己明白　（4）没有投入感情
 （5）过度紧张　（6）过于依赖讲稿
 （7）逃避练习讲话的机会　（8）没有准备就开口

3. 不要跌入 EFGT 陷阱　　013

 （1）何谓 EFGT 陷阱　（2）说得不好也无妨

第 2 天　演讲前做好热身准备

1. 为放松心情做好 5 种心理准备　　018

 （1）不够完美也无妨　（2）语速快没关系、说方言也有趣
 （3）诚意重于技巧　（4）适当的压力有益处

(5) 方法和态度是关键

2. **应该说什么？** 026

(1) 选择自己擅长的话题　(2) 事先做好设计

方法1：起承转结法　方法2：讲故事的方式　方法3：EP法则

3. **牢记PRA法则** 034

(1) 何谓PRA法则　(2) PRA法则的练习

练习1：一次处理一件事　练习2：只记讲稿的重点

练习3：把握可提高演讲技能的机会

4. **克服紧张的方法** 041

(1) 改变说话方式　(2) 克服紧张的5个法宝

方法1：直接说出自己很紧张　方法2：向听众提问

方法3：不要咬文嚼字，用日常方式说话　方法4：自问自答

方法5：多用肯定语气

5. **不要小看事前练习** 047

(1) 事前练习的神奇效果　(2) 演讲前做好现场模拟练习

第3天　掌握演讲的基本技巧

1. **急切表达的心情很重要** 052

2. **开场的方式** 053

(1) 4分钟抓住听众的心　(2) 掌握开场的诀窍

要义1：列举重点　要义2：声调尽量低沉平稳

3. **讲话要有亲和力** 057

（1）用一对一的感觉讲话　（2）多用视线交流，一句话，对一个人　（3）让听众的心情和自己同步

4. 简单易懂的讲话原则　061

（1）化繁为简是重点　（2）做好事前准备

步骤1：把内容归纳为三个重点　步骤2：一理三例，举出实例

步骤3：态度、举止要得体

5. 使语调抑扬顿挫　066

（1）手势有助于表达　（2）慢慢走近听众

（3）巧妙运用"留白"

6. 充分利用手势及表情　069

（1）动作幅度与听众人数成正比　（2）出现失误不沮丧

（3）多用具象的语言

7. 善于利用非语言信息　073

（1）何谓非语言信息　（2）非语言信息练习法

练习1：面对镜子反复练习　练习2：模拟预演，确认细节

第4天　演讲实践

1. 有益的排练　080

（1）必要的分段练习　（2）设想演说情境

2. 如何轻松开场　082

（1）敞开心扉，直接切入主题　（2）从时事话题聊起

（3）接续前面演讲者的话题

3. 如何使听众保持兴趣　　086

　　(1) 从日常生活中找实例　　(2) 制造共鸣点
　　(3) 巧用八卦轶事

4. 消除突发的紧张感　　089

　　(1) 寻找熟悉的面孔　　(2) 寻找持认同态度的人
　　(3) 提出需要思考的问题　　(4) 不与紧张感对抗
　　(5) 活动身体　　(6) 写板书　　(7) 请听众读资料

5. KISS 法则活用　　096

　　(1) 何谓 KISS 法则　　(2) 掌握 KISS 法则
　　决窍 1：简化句子　　决窍 2：断句清晰　　决窍 3：活用 EP 法则

6. 四不原则　　100

　　(1) 不找借口　　(2) 不因失误而慌乱　　(3) 不否定听众
　　(4) 不自我吹嘘

第5天　会议上畅所欲言

1. 激活发言的勇气　　106

　　(1) 即时模拟　　(2) 即时模拟练习的步骤
　　步骤 1：设想敬佩之人　　步骤 2：根据情况调整模仿对象
　　步骤 3：学习模仿对象的优点

2. 如何让发言变轻松　　110

　　(1) 自信助你成功　　(2) 搜集成功实例及具体数据

3. 让会议为我所用　　112

(1) 开场表明赞成或反对　　(2) 理性阐述多于感性诉求
(3) 预测会议的走向　　(4) 延长与关键人物视线交流的时间
(5) 先提出结论，再详细说明　　(6) 解决问题的5大步骤

4. 应对否定式质疑的方法　　120

(1) 何谓否定式质疑　　(2) 如何应付否定式质疑
对策1：在质疑前自问自答　　对策2：向赞同者提问
对策3：请自己人讲话

5. 无话可说时的对策　　124

(1) 归纳、总结别人的观点　　(2) 再提当天开会的主题
(3) 切换为"提问时间"　　(4) 分享经验

第6天　出色完成演示说明和经营提案

1. 说明会的准备　　131

(1) 分析听众　　(2) 搜集有关听众的信息

2. 让提案顺利通过　　135

(1) 一提案，一重点　　(2) 强调对方的利益点
(3) 反复强调提案的重点　　(4) 使用肯定语气

3. 演示说明的基本技巧　　140

(1) 加强视觉效果　　(2) 数据比较法
(3) 以手势强化表达　　(4) 直面每一位听众

4. 回答提问的技巧　　145

(1) 应对提问的模拟练习　　(2) 不能应付了事

5. 善于利用 TWA 法则　　147

(1) 何谓 TWA 法则　　(2) TWA 法则的 5 个要点

要点 1：保持微笑　　要点 2：尽量口语化　　要点 3：每天练习

要点 4：适当加入笑话　　要点 5：真诚致谢

6. 当提案遭到反对：活用销售谈话技巧　　153

(1) Yes・And 法则　　(2) 鹦鹉回应法

(3) 假设法（二选一法）　　(4) 回旋镖法　　(5) 反问法

第 7 天　突发状况 & 危机处理

1. 演讲陷入困境时　　159

(1) 无人倾听时　　(2) 遭遇嘲笑、起哄、反对时

(3) 忘词或语塞时　　(4) 不小心穿帮了　　(5) 跑题了

(6) 听众表示"听不懂"时

2. 会议中遇到突发状况　　166

(1) 想独排众议时　　(2) 想提出反对意见时

(3) 错失发言的机会时　　(4) 被听众刁难时

(5) 担任主持人时

3. 会议出现困难时　　172

(1) 客户情绪不佳　　(2) 如何让挑剔的客户感兴趣

(3) 客户不认真听时　　(4) 想帮助困境中的搭档

(5) 失败是成功之母　　(6) 器材发生故障时

(7) 被多人同时提问

总结：积累经验，反复实践　　181

前言

舌尖上的魔力

在会议期间,你一直纠结是否举手发言,直到最后"算了,就这样吧"索性放弃。然而看到同样观点的人在发言后得到大家的赞赏,"真是,还不如说了呢",不禁心生懊恼,这种经历想必各位都有过吧?

有些人同朋友在一起可以侃侃而谈,但是一到台上就紧张、忘词、不知所措,满脑子想着是否应该像欧美人那样讲个笑话,轻松开场,还是应该先彬彬有礼致辞感谢……不禁头冒冷汗、全身发抖,说了什么完全不记得,大家是否有过这种体验呢?

当今是重视表达、沟通的时代,**在职场、商场上无论产品质量、服务多么完善,如果没有准确的表达力,那么100分的商品也只能表现出60或70分的品质**。反之,其他公司的商品尽管在质量和服务方面稍显逊色只能达到80分,但是他们却能以80分的姿态完整地展现,顾客自然会选择他们的东西。

这样的事实不仅体现在商品上,在人们的表现力上同样发生着。善于表达的人容易被周围认可为"有能力的人",因此在生活中能获得更多的成功机会。然而,也有很多人不善言辞、羞于表达,认为自己天生如此,进而就此放弃,这样的人也一定不少吧?

其实,谈话方式(传达、发表、表现力)有基本的规则,也被称为"基本公式",如果掌握了这些规则就能在短时间内取得很大的进步,像那种在过去演讲时"因为嘴笨想表达的内容连一半都没说出来"的情况将不复存在。

针对因嘴笨而备受困扰的朋友们,本书提供了通过7天实践即可完胜的训练方法,并在演讲及说明报告会方面设定了很多细致的场景,通读本书后你马上可以在工作中加以活用,其效果立竿见影。如果再细读本书并加以实践,你便可以变身为"半专家级",进而也可能成为"专家级"的演讲者,我们期待着你的华丽转身。

那么,先从第1天的题目"我们为何变得笨嘴拙舌"开始吧,坚持7天后就可以见到脱胎换骨的你。"说我不会说话?那可不是真的哦!""再也不是笨嘴拙舌的人啦!"我们期待着那个令人欣喜的时刻。

第 1 天　我们为何变得笨嘴拙舌

1. 说得不好也没关系

我每个月都要开设以谈话和演讲为主题的能力训练课程，每次上课的学员大约有 300 到 400 人，一年下来有将近 4000 人接受培训。

同 10 年前相比，日本人在谈话技能方面已提高了很多。过去即使是在训练课上，有些学员也会因为紧张而发抖、不知所云或说不出话，而现在课堂上擅长讲话的学员开始多起来了。

我想，是因为现在人们讲话的机会增多了，加上电视上经常播放精彩演讲，还有企业内部的培训也有一定的作用。

但是，**再出色的人也有紧张的时候**，水平再高，能达到"百分百满分"的还是屈指可数。

那么，是因为什么让我们变得笨嘴拙舌的呢？

我们常常："想让别人认为我很出色"、"希望在别人眼里我很美"、"渴望别人觉得我很帅"、"觉得我是个好人"、"觉得我是个很会讲话的人"等等,在很多方面需要获得外界的认可。

在上台讲话时,特别是有一二十人甚至有更多的听众的情况下,这种心理变得更为强烈。

"能讲得漂亮"的想法本身并没有错,然而若是这种想法过于强烈,"要是听众觉得我讲得差可怎么办"?"绝对不能让我的讲话令人失望"……无形中压力会将自己束缚,效果反而不好。

"绝对不能失败"、"必须出色地讲话"之类的意识实际上只会徒增压力,这正是造成紧张感的原因。这一点就如同奥林匹克比赛场上选手没有发挥好时的心理状态一样,"一定要获得奖牌"的想法带来的是极大的压力。

如果讲话没能"让人觉得很棒"这也没关系,只要有像同朋友闲聊的心情,站在台上讲话就已经是成功了。

以平常心态自然地讲话,不必将演讲看成是特殊的事情。关于这一观点的理由我会在后面详细阐述。

2. 造成嘴笨的8大原因

(1) 忽视听众的反应

最常出现的造成失败的原因就是演讲者自己滔滔不绝。

比如说街头演讲或者是巡回宣传时扩音器传出的"声音",我们只能把它等同于噪音,原因在于他们完全无视听众的存在(或者根本没有听众)。

所谓谈话,必须有"讲话者"与"倾听者"两方才能成立。如果只有一方,无论讲出任何内容,那也只不过是发出的"声音"。

在上班这样繁忙的时段宣讲"政治"话题,几乎不会有人驻足倾听。放大扩音器的音量或者在宣传车上拼命喊话,无论如何也不能认为是在沟通。

即使不像上述那般夸张,造成嘴笨嘴很大程度上来自于"无视对方的存在"。对于听众的反应毫不在意,自顾自地讲自己的话题,这种方式绝不可取。谈话是语言的组织与编排,讲话者需要根据听众的反应采取相应的调整。

你是哪种类型？

① 忽视对方的反应　　　　　　② 害怕听众的目光

③ 所讲内容只有自己明白　　　④ 没有投入情感

⑥ 过于依赖讲稿　　　　　　　⑤ 过度紧张

⑦ 逃避练习讲话的机会　　　　⑧ 没有准备就开口

我经常根据听众的反应临场改变内容，无论是面对年轻人、中老年人、技术人员或是销售人员都要事先准备好多个话题，再根据他们的现场反应做出相应的调整。

比如30多岁的人特别不喜欢被看成"大叔"、"老家伙"，那么诸如"出现这些行为说明你老了"，比如手里拎个二手包、衬衫塞进裤腰里之类的内容就能引起兴趣。而这些话题如果放在老年人集会上谈论的话，恐怕就不会有人捧场了。

除了为了获得听众的共鸣而做相应的准备之外，还要时时观察现场的反应，若是效果良好就继续深入，若是听众觉得索然无味就马上改变话题。

谈话是双方的互动行为，**请一定要在注意对方反应的前提下展示自己的话题。**

（2）害怕听众的目光

善于讲话的人不是将演讲当作一次单纯的讲话行为，而是看作同每一位听众进行对话。

一般情况下，演讲者不可能同时面对20或30位听众的眼睛，即使面对的话也会显得目光不定，好似在看着听众，眼神却完全游离，效果反而不好。

不善言辞的人在亲友面前可侃侃而谈，而一到台上总抱有被观察审视的意识，于是不免产生"视线恐惧感"，因此自然会感到过度紧张。

常听到有"把听众当成白菜"之类不负责任的建议，问题是听众不是白菜而是有血有肉的人，在众人的"注视"下是理所当然的事实，在这么多视线下讲话当然会产生紧张感。

但是无论来了多少听众，我们最终还是只能做到同一人讲话，演讲不过是众多一对一沟通的集中结合。

总之，请记住**"视线都集中在我身上"**、**"同时被许多人注视"**之类的意识如果过于强烈的话，只能产生更多的紧张感。

（3）所讲内容只有自己明白

不会讲话的人通常会有省略前因后果或细节的特征，以不着边际的方式说"我们家的约翰"、"这段时间去了海边"之类的话题。

只有本人了解的情况却不做说明，这样做的结果只会使听者一头雾水。

"三年前我养了只斯皮兹狗，身长60厘米，全身雪白，起名叫约翰"这样引起话题，听众一目了然，你若只是说

"我家的约翰"的话,听众不理解,自然就会认为你不会谈话。

不要简而言之为"去海边了",如果说成"去年8月15日那天,东京的气温有33℃,特别热,我们一家三口开车去镰仓的由比海滩了",对方脑海中的画面才会比较生动。

当然这个话题,不是只限于狗或海边,笨嘴之人要谈论的内容不见得无趣而是常因为省略细节造成在"技术层面"上的问题。

听者对你的经历完全没有概念,那么为使对方理解就应该采用一种"画面语言",也就是用语言描绘情景。

总之,省略细节只谈论自己了解的话题,听众就会一头雾水,最终会留下不太好的印象。

(4) 没有投入感情

我们不是只会发声的机器人,**对于没有投入感情的讲话不会感兴趣,甚至完全没有耐心再听下去。**

新闻稿从根本上是以"信息传达"为主要目的的,自然没有融入感情。然而在亚特兰大奥运会的柔道比赛上出现误判,女主播报道时留下泪水的画面竟然感动了很多人。

投入感情的话语往往能触及人们的心灵。

我们看到过很多有关商务事宜的演讲者，在讲话时没有感情色彩，其实在谈论问题或利害诉求、提供对策或汇报成果时，如果不投入感情是很难打动听众的。

伤心时就难过地讲，开心时就愉快地说，这都没问题。在心理学上，这样将自己的心情完全坦白于他人之前，叫作"自我展示"。

不必去刻意注入感情。

"无论如何都要让听众听得明白"、"一定让他们喜欢听"，若真是带着这样迫切的心情，感情自然会投入。

所以说，讲话时富有感情色彩的人，你们是否真的抱有要把内容传达出去的心情，请好好审视一下自己。

感情不讲技巧，当你真心希望对方愿意倾听时，言谈之间自然流露真情。

（5）过度紧张

出色的演讲需要适度的紧张，若是一味满不在乎，毫无紧张感，就会造成失误，最终给观众留下散漫不认真的坏印象。

不过，职场新人上台讲话时容易紧张，那种拼命努力的样子反倒让听众心生好感。

压力学理论中把适度的压力称之为"良性压力"，对于效果的产生是不可缺少的条件。

但是不可取的是过度的压力，我们称之为"恶性压力"，即头脑一片空白的状态下，心跳急促、站立不稳、视线模糊，对于这样的情况必须加以控制。

防止紧张感产生的办法我将在之后详述，首先要做的是放松心情。我们暂且记住"过度紧张"是造成嘴笨的一个原因。

演说中是紧张导致演讲失败，而不是内容或者技巧造成的，怎么想都令人沮丧。

我就认识一位很有才能但是因为不会表达而无法获得认可的商人，他因过度紧张常常只能表达出一半甚至20%或10%的内容。后来他专心学习瑜伽和气功，掌握了控制自我的方法，如今可以泰然自若地阐述自己的主张了。

有了克服紧张，自信的讲话，被人嘲笑嘴笨的情况自然就会减少。

压力有两个类型

善 = 良性压力

> 适度的压力对于出色的表现不可缺少

恶 = 恶性压力

> 过度的压力会造成头脑一片空白,表现自然会变糟糕

(6) 过于依赖讲稿

演讲时要准备好讲稿以备不测,比如万一忘记了出处、数字、语言等可以看讲稿来确认或提示。

但是这并不表明要从头到尾一字一句地把讲稿念下来,与其这么做还不如扔掉。

记有详细内容的讲稿其实存在弊端,例如不能成为谈话的论点或者是中途无法变更内容等,这些都是明显的缺陷,我们后面再详述。

此外,一旦养成依赖讲稿的习惯,如果两手空空就不知如何演讲了。所以从现在开始,一定要剔除演讲就是念稿子的概念。

不仅是在公众演讲，即使是录制讲课内容的时候，**我也会准备好笔记记录下大致的内容和详细的数字**，但是这些不过是以备不时之需，真正讲的时候基本没怎么去看。

理想的状态是演讲时能收放自如，自然的选择合适的词语，所以最好不要依赖讲稿。

当然，为达到这个效果需要认真地进行准备和练习，掌握整体内容也是不能缺少的重要环节。

相反，事先准备了一字一句写下的稿子，结果演讲途中突然忘词而愣在那里，记在哪儿了？因为焦急而面露难色就更麻烦了。

相对于好的演讲稿，态度也是不能忽视的因素。

过于依赖讲稿，一旦发生状况而手忙脚乱，自然会给人留下缺乏自信的印象。

(7) 逃避练习讲话的机会

善于谈话的人不仅经常碰到上台讲话的机会，自己也主动争取，于是在不断的磨炼中讲话技能越发出色。

然而不善言辞的人碰到这样的机会时，负面的意识马上占了上风，于是躲闪逃避，白白错失了表达的机会。

正如游泳，不亲自下水永远不知道有哪些需要改善的地方,更无法熟悉池中环境。在掌握了正确的游泳动作的前提下,还需要到实际场地进行体验。

讲也如此,为了找出自己的不足之处,必须实地练习,努力去改善。

总是逃避而错失机会的人,永远念叨着"哪儿不好了"?而不知问题出在何处。

"结婚仪式上还要讲话,真麻烦啊,找个理由不去得了"、"会议上是很想发言的,不过还是算了吧"等等之类明明可以抓住的机会却白白放弃,长此以往只能是越发地不善言辞。

不断逃避对自己其实非常不利,因此我们应该**有意识地给自己创造讲话的机会**。

演讲、发言的场合,公司内部会议,研讨会之类都是可把握的机会,逃避往往是自身造成嘴笨的原因。

(8) 没有准备就开口

结婚仪式上,你正在台上讲话时,"对了,这个笑话很有趣加进来看看",这种突发奇想想必你有过吧?

然而,最终结果是笑话很冷,气氛尴尬。

即便是搞笑艺人、相声演员等也绝不会"没有准备就开讲",他们在真正演出前都要经过数十次甚至上百次的练习才能获得极好的效果。

不擅长讲话的人常有种一旦突发奇想就想到什么说什么的倾向，完全不考虑当时环境，最后造成偏离主题、内容混乱的局面。

原美国总统里根就是一位"常出现在演讲台上，但又是特别努力练习的人"。演员出身的他自然非常清楚没有万全准备不会成功的道理。

没有准备就上台的缺点大家现在应该理解了，它不仅仅限于演讲，在一对一的座谈会上更要做全面的准备。**在脑海中做 1 次或 2 次模拟练习，才能在真正上台时防止出现失误。**

长篇演讲如果出现差错还可弥补，简短演讲无法允许失败情况的发生，3 分钟时长的情形下绝对不能出现大的疏漏。

因此演讲的时间越短，越不能没有准备就开口。

3. 不要跌入 EFGT 陷阱

（1）何谓 EFGT 陷阱

演讲中和说明会上容易出现的几大失误，称之为"EFGT

陷阱"。这四个字母分别代表：**经验、感觉、胆量、见招拆招**（Experience, Feeling, Guts, Take a chance）。

单说**经验**，不是说随着年龄的增长，经历了很多事情后就能毫不紧张地在那儿讲话。

如果一味依赖**感觉**，那么说得好与坏的差别会非常明显。当然即使不知道基本规则，演讲竟然非常成功的侥幸情况也会有。

胆量当然非常重要，但是没有只依靠胆量而获得成功的。

毫无准备的**见招拆招**，用这样的方式来演讲对听众是种失礼行为，这一点尤其不可取

如果跌入了"EFGT陷阱"，任何场合都无法克服紧张感。在告诉别人"克服紧张法则"或者向部下传授经验时，都不能正确地言传身教。

讲话就如同游泳和打高尔夫，**如果没有掌握基本的规则、形式、一般规律，单靠自己随心所欲是不会有什么出色表现的，并且一旦形成习惯就很难改正了。**

确切来说，不进行实践，无法消除嘴笨的毛病，就像游泳前没有任何准备就直接跳入水中，结果呛了水，若是跌入了"EFGT陷阱"做演讲，也不会有好的效果。

本书正是为任何人能在7天之内克服嘴笨的障碍而著，

从而使他们从"理论、原则"上理解并且正确地加以实践。

EFGT 陷阱

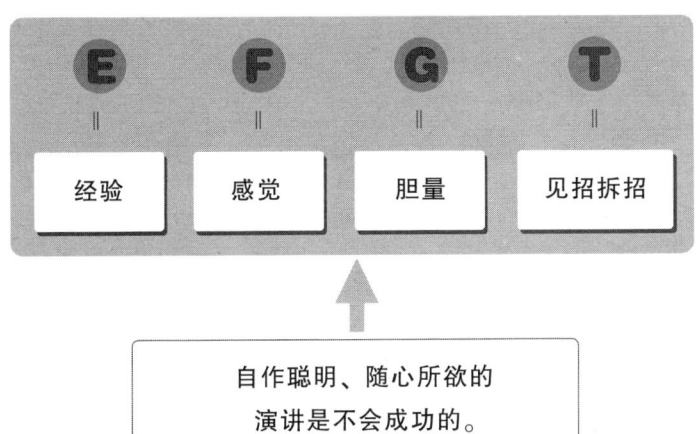

摆脱自作聪明的 EFGT 陷阱,去思考真正能帮助自己的 EFGT 法则。

经验、感觉、胆量当然是**必需**的,但是仅有这些还远远不够。

(2)说得不好也无妨

再次强调一下,造成嘴笨的一个重要原因在于过度考虑"要讲得漂亮",**放松心情**,**自然地讲话**应该是最合适不过的了。

还有一点是忽视了与听众的沟通，就如同玩儿接球游戏，这是两方的互动行为，如果没有沟通单方面自说自话，只会落得失败的结果。

照本宣科或者只是按照作了记号的句子机械地讲话，听众无法为之感动。

反之，**即使不是口齿伶俐流畅自如，只要坦诚相见自然会打动听众的心**。

逐步适应以后，演讲者通过观察听众就能知道"哦，听得不耐烦了"或者"还想多听听这个话题"，根据现场情况灵活调整，逐渐变得游刃有余。

上述内容谈到的造成笨嘴拙舌的8大原因，多是因为讲话者没有意识到"沟通是双方的互动"。

克服嘴笨的第一步就是要有让听众听得明白，还要有尽力把想法传达出去的决心。

真诚的表达一定能打动听众的心！

专栏 1

任何人都可以成为演讲达人

我一直坚信无论多么不善言辞的人,都有可能成为雄辩家。

试想一下与朋友在咖啡馆聊天的情景。"上个月去滑雪了"、"我滑的可是滑雪板呢"等等,并伴有不断变换的动作和表情,轻松愉快地交谈着。"哎"、"那个——"之类的语无伦次、全身发抖的情形不复存在。

另外,如果谈论自己喜欢的话题,任何人都滔滔不绝、乐此不疲。喜欢足球的人讲起足球来几个小时都不嫌烦;喜欢摔跤的人若是说起选手和团队的趣闻轶事、今后的发展方向等可以不知疲倦谈论不停。当然我们不是仅仅指足球或者摔跤的话题。

就像这样,不论任何人都有可能成为谈话高手。

在你认识到任何人都能成为高手以后,再上台发言就轻松多了。只要掌握基本方法并加以实践,你将来一定会成为雄辩家。

第 2 天　演讲前做好热身准备

1. 为放松心情做好 5 种心理准备

（1）不够完美也无妨

不仅是讲话方式，完美主义者做什么事通常都很难获得理想结果，原因在于他们更多地关注于负面的部分，却忽略了积极乐观的东西。

说到讲话方式，譬如演讲者已经在与听众进行眼神的交流，自己的视线也控制得非常好，然而就因为讲的笑话有些冷场，于是不免耿耿于怀，觉得"这个笑话失败了，自己真笨"。其实，这正是忽视了"与听众的眼神交流"成功的事实，这个部分原本是树立自信，成为克服嘴笨的第一步。

当然大家都明白，这不是告诉大家满分 100 分中只做到 10 分就可以满足了，而是当自己获得 80 分时，要懂得鼓励自己。

即便是像我这样的专业人士也没有认为自己"今天的表

现很完美"的时候,就算看起来无懈可击,一定还有不足和需要改进的地方。

消除那些错误的想法,一定可以在众人面前轻松讲话。

讲座或研修结束时常常要做些调查问卷，80%到90%的人会给出很好的评价，其中当然也有部分人认为一般。过去我精益求精，总是打电话向后者咨询："你认为哪些地方一般？"而如今，我主张"80分主义"，人们看待事物的角度和思维方式各不相同，想让所有的人打100分本身就不是件容易的事。

这里想表明的是我所谓的评价，是他人对你的演讲得出的评价，要明白想获得所有人的满意是不可能的。

另外，对于自己，则保持80分还不错的观点就可以了。

但是这并不代表就可以忽视细节，草率对待，**若是一味追求完美，容易束缚自己，增加压力，只会落入考虑不周的陷阱。**

（2）语速快没关系、说方言也有趣

说话快的人总是希望自己讲得更慢、更清楚易懂，但从结果上来看，有意识地慢慢说以后，容易让人觉得不自然，像是在念稿子（或发表宣言）刻意做出来的姿态。

"大—家—早—上—好！"故意拉长语音，完全不是平常**说话的语速**，这么讲话显得特别不自然，听众自然无法引起兴趣。

清楚地发出尾音、适当地停顿，做些这样的功夫，演讲时自然地表现自己则为上策。

说话快的人保持原样也没问题，如果听众听不清楚的话，不是因为语速快，或许是尾音发音不清、断句较差、行文不连贯、声音太小等诸多原因。NHK 的主播或是电视上的艺人随着时代发展说话也越来越快，但是很少有因为语速快而让听众听不懂的。

演讲大师卡耐基提出了对于提升表达技能的 3 大要点。

表达的 3 大要点：

① 举出实例。

② 提出问题。

③ 掌握节奏。

要掌握说话的节奏，需要控制好语速，这要用心把握好速度，不要刻意延长或停顿，保持自然语速就可以了。

接下来，为比较在意方言的朋友们给出些建议。

假如你正在与客户谈生意，用方言与他们商讨，这种场合下，**会让听者不自觉地感到"质朴"、"诚实"、"单纯"，进而对你产生好感。**

与人交谈时从方言中听出："难道说您是京都人？""是

茨城人吗?"发现双方竟然是同乡或是住得很近,这时马上会产生亲切感。

那么你自己也是,对于来自同一地方的人自然就不会苛刻,比如说"你是 3 中的?我是旁边学校的,哎呀太巧了"、"比我高 3 届的学长啊!教物理的铃木先生认识吗"之类,马上就打开话题了。

总之,**方言在某些场合会有加分的作用**,所以不必顾忌太多,自然地去说就好了。

(3) 诚意重于技巧

本书主要针对谈话技巧详细并切合实际地进行解说,但是说到关键之处,比谈话技巧还重要的部分,各位知道是什么吗?

这便是诚意,即"无论如何要让大家明白,这样的事确实是有的"这种要传达出去的热忱,说是一种热情也未尝不可。

要表现出让大家明白和了解的热情,**一般体现在丰富手势和视线交流中,声音也好表情也罢,只要能充分地表现出你的诚意就好**。

曾经在一次大公司的管理研修会上,虽然主题是关于演说技巧的,我却着重说明的是"诚意为本"。

中间休息时,有位部长来到我跟前说了以下一番话。

如果带着热情讲话,肢体语言自然就会变得丰富起来

"其实在我刚进公司时,有一次突然被命令去做说明会,当时对商品了解不够,准备也不充分,客户提出问题我却傻了眼,从头到尾都结巴,冒着冷汗,但我还是努力地应付过去了。心想,这下完蛋了,没想到竟然有几位客户订了货,原因是被我的努力所打动。看来诚意是太重要了。"

很显然,说明会的内容自然是不合格的,但是客户看到他满头大汗、拼命努力的样子却十分感动。

当然演讲的技巧非常重要,但是还有个前提请一定牢记,**这就是:如果没有了诚意,技巧是无法生存的。**

(4) 适当的压力有益处

在公众场合讲话,极度紧张、语塞忘词,这样的人有很多。

这是因为过于紧张造成的结果。但是正如前面所说,压力中也有良性压力,即促进人们能力的发挥,并能更出色表现的必要因素。

在台上讲话过度紧张的确不好,不过**适度的紧张对我们也不无坏处**。这一点不仅体现在谈话方式上,适度的压力对我们能力的提高还有一定帮助。

在体育比赛中,如果同不如自己的选手竞技的话,实力得不到发挥,并且感受不到压力。但是若实力过于悬殊,压力会陡然增大。**和实力略强于自己的人竞争,带来的则是良性压力。**

讲话方面也一样,在适度的压力下,有一点紧张之类的状态也无妨,请不必担心。

(5) 方法和态度是关键

说话时需要重视三点,主体构成中的内容(Program)、为传达内容所运用的技巧(Platform Skill),及有关个性、态度的性格特质(Personality)。这些被称为"讲话方式的3P",

三点缺一不可，缺少任何一项都无法做出成功的演讲。

虽然说如果没有内容构成，演讲无法完成，但传达方式也同样重要。同样的内容，由大学教授或者预科学校老师讲授的话，学生的理解程度也将完全不同。

我曾经听过诺贝尔奖得主和畅销书作家的讲演，因为诺奖得主的表达方式、演说技能比较生涩，有些听众竟然睡着了。**所以说，即使内容丰富，如果表达能力不足的话，听众只会觉得乏味。**

现在企业内部为应聘、晋升或考核而进行的讲演、发布会越发多起来，我也参与了一些指导。在这种时刻，人际关系就显得极为重要，也就是说现在仍然还是看重人品的世界。比如"山田君演讲的倒是不错，但是人品嘛……"这种口吻的评论若出现的话，基本上就说明该人升职无望了。不仅能力重要，获得周围人的信赖同样是不可缺少的人格特质。

企业以外的地方也如此，"那个人说的看来不会有错"等这种让人信赖的品质在商场上也是决定成败的关键，因此在平时的生活里也同样要用心。

人的态度很重要，良好的品质及诚实的个性也不可缺少。如今有些企业的高层对待投诉态度傲慢，结果损害了企业的形象，这样的例子出现不少。讲话的方式或态度，是会直接反应人的人格特质的。

2. 应该说什么？

(1) 选择自己擅长的话题

即使是认为自己嘴笨的人在谈论感兴趣的话题时，都希望对方怀着极大的兴趣倾听，这时马上成了谈话高手。总之，**在讲述自己擅长的、喜欢的话题时，无论任何人都会成为演说家。**

即使是演讲专家对于自己不了解的题目或者不擅长的专业，都无法成为谈话高手。

我自己也是，对于有关古巴的社会主义、DNA 的旋转构造之类的题目完全没有概念。

虽然这是极端的例子，但对于大家同样适用，也再次说明：**自己不了解的领域是无法让演讲者充分发挥的。**

反之，如果是特别擅长并且喜欢的主题，那么说上几个小时都不知疲倦。

不擅长讲话的人当中，有不少人认为没有讲话的话题，所以他们才讲不好。但是这些人在谈论擅长的话题时，却也能滔滔不绝。因此，他们首先需要做的是准备些自己擅长的话题。在讲话中如果引入到自己擅长的领域,那么任何时候你都会成为谈话高手。

我平时特别喜欢看格斗,在和朋友谈论专业棒球或者足球时,就可以用"运动迷"的方式,将话题转向 K-1①、拳击或空手道的讨论。这样一来,因符合自己的兴趣爱好,无论什么都可以成为话题。

找出谈话内容的关联性,引入到你所擅长的题目,那就没有必要再费尽心思找话题了。

注①:日本最大规模的站立格斗比赛。"K"代表空手道(Karate)、功夫(Kungfu)、踢拳(Kickboxing)、拳法(Kempo)等站立格斗术;"1"则代表第一的意思。

(2) 事先做好设计

没有话题就讲不好的人,如果碰到擅长的内容就没问题了,不过还是有一些人在讲话中途会忽然停顿或中止。

造成这种现象的大部分原因是谈话的次序和构成事先没有考虑好,也就是说在讲话过程中,如果安排好下一步内容的话,A 说完后接 B,B 说完后接 C,演讲自然会顺利进行。

正如前面所讲的见招拆招的错误法则,抱着先开口再看情况的想法,就容易造成演讲失败。

想到什么就说什么这种随意的态度，很容易造成途中忘词无法继续的尴尬场面。

所谓谈话内容的构成，简单说来就是讲话的顺序。设定好下一步要说的内容，才能保证演讲的顺利。

前几天我到电视台做讲座，在摄影机前录像与录音棚录音的感觉完全不同，如果想确认下一步的内容，就会像考试作弊被人发现一样令人尴尬。

然而实际情况是放置了一个摄影机拍摄不到的屏幕，我可以不时地通过屏幕进行确认。屏幕上整个流程都放大显示出来，依靠这个办法讲座很顺利地完成了。

快速建立谈话内容的3种方法

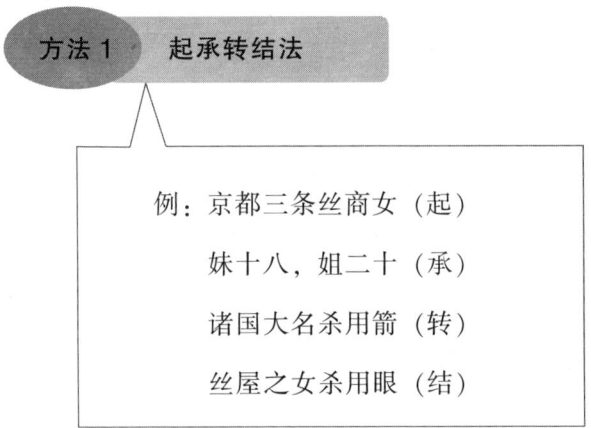

方法 2　讲故事方法

例："何时、何处、谁、何事、如何、为何"清楚明白地讲出来

方法 3　EP 法则

例：利用"比如说……所以说……"让话题继续。

昔日的美国总统里根在讲演时就用了同样的方法，在电视观众完全不知情的情况下，本人看着屏幕不时加以确认同时发表讲话。

这些"小伎俩"，也是因为考虑到讲话内容的构成而采取的办法。总之，演讲得以顺利进行的确在于内容的构成。

讲话主要内容的构成及流程请参考以下 3 种方法：

方法 1　起承转结法

赖山阳所作的诗大家是否知道？

京都三条丝商女（起）

妹十八，姐二十（承）

诸国大名杀用箭（转）

丝屋之女杀用眼（结）

形容丝商女儿的眼睛柔情似水，其眼神足以让男人们臣服于裙下。

这里的故事结构，正是体现了起承转结，**设定好构成，即使简单几句也能组成故事**。

"起"是故事的开端，在哪里、是谁，都要清楚说明，那么紧接着的"承"将前面衔接起来，很自然地带入女儿的年龄等具体细节。

比如在商场上，如果能掌握有关客户公司的总经理和总管的详细情况，比如年龄、兴趣、家乡等个人信息的话，也能很快进入话题。

接下来，**"转"的部分就是整个内容构成的关键**，也就是说切断了前面内容，突然变换话题。

例如在给对方总经理和总管做完报告后，话锋一转"棒球选手一郎取得了两连冠呀"，突然提到棒球的话题。

这个"转"的部分一定要同最后的内容有关联。就像"诸国大名杀用箭→丝屋之女杀用眼"，需要读出整首诗，才能在前句"转"的前提下，明白最终的"结"。正如上述的例子，谈论完一郎后，说道："总经理您是一郎的粉丝吧？"

"转"的意外性在于"到底是要说什么"的疑问而引发对于"结"的好奇心。

一般意义上的起承转结法是在"稍加使用该法可使内容结构清楚"的意向下运用的，但是这里所表明的是在这个框架下叙事，特别在转的部分加入些意外性，可以加强内容的张力，谈话就会变得有趣，效果自然好。

不过意外性虽有效，对于发表业务报告或产品说明之类的场合还是不太适合。

方法 2 讲故事的方式

这个方法是按照时间的顺序、讲故事的手法进行叙述的。大家回忆一下桃太郎、浦岛太郎的故事是不是都是这样开始的？

"从前，在一个遥远的地方住着一对老爷爷和老奶奶"，以此，故事开始。即是用"何时（When）、哪里（Where）、谁（Who）、怎么样（How）、发生何事（What）、原因（Why）为何"的 5W1H 来构筑整个内容框架，因其可表明叙事情节及构成内容，所以被称为"情节叙事法"。

这个方法的重点在于"浓缩成精华,再来讲故事"。比如讲到棒球时并不会谈论整场比赛,只说"第9局后半场,场上两人出局之后山田上场,奋力地挥棒出去",**直接说到最精彩的地方,听众自然会产生兴趣**。

以时间的推移,按照顺序依次展开每个情节来推进故事的发展,叫作情节叙事法,即讲故事时要做到让对方充分知晓各个情节的场面、情景。

显而易见这是和上述"起承转结法"完全不同的构成方式。

"今天是以'起承转结法'进行,还是'讲故事的方法'进行",事先一定要仔细考虑好,这样讲话,听众容易明白,并且也会让我们在台上的表现变得更精彩、更有趣。

方法3　EP法则

起承转结法和讲故事法,无论哪一种都是有些耗费时间的方法,而有时因情况所致无法获得充足的时间,比如说在早会上"简单说两句"讲些事情,或与客户商讨业务时发表观点,都需要在短时间内完成。

在这种时候,我为大家推荐EP法则。所谓EP法则,即

"Example"（具体实例)和"Point"（观点、主张），依照这个顺序陈述。

在促使对方有所行动或使他们产生动机时，这种方法可以说行之有效。

比如"请系好安全带"这类话语，多得就像在清晨听到打招呼一般，很多人右耳进左耳出，根本没放在心上。

这个时候如果运用 EP 法则，将会产生如下效果。

"上周在东名开车时看到了严重的交通事故。一辆大型货车和一辆普通轿车相撞，轿车前方被撞得严重变形。当时我同坐在车里的妻子说：'报纸很有可能登出来呀！'果然在第二天的晨报上报道了这起车祸。出事轿车里的4个人中2人因为没有系安全带当即死亡，另外2人却因为安全带保住了性命。"这就是具体实例。

接着，"因此，从今天起我们一定要做到系好安全带"，这样说来就是提出了主张。

按照这个做法，既可以让听者认真听你的讲话，也能随即付诸行动。比起"请您……做"之类的说法有效得多。

在工作中，列举以事实为依据的成功例子或者相反的失败事例，都会使陈述变得清晰易懂。

例如，你到客户的公司介绍新商品时，结果对方挑剔地说"有些贵呀",那么我们可以这样说:"其实你们的竞争对手 B 电机公司也做过相同的评语。上个月,作为试用他们引进了这个设备,结果销售额竟然提高了 20%(这是具体实例),所以也请您务必买 2 台试用一下(这是主张),看下效果如何。"

EP 法则

```
Example(举例)
    陈述事件、实例、体验
```

```
Point(观点、主张)
    明确提出观点、主张
```

3. 牢记 PRA 法则

(1)何谓 PRA 法则

为了使讲话内容得以成功表达,请务必牢记"PRA 法则"的三个要点。

首先,关于"P"(准备,Preparation),意思是如果感觉演讲可能会失败的话,索性不做任何准备,"到时候发挥"就是了。自然也有侥幸碰得一次成功的可能,但是这种态度无法使人进步,而且说不准哪天会摔跟头。

除非自己不在乎丢脸的滋味,不然的话还是应该事先做好准备工作,才能获得好的效果。**这些准备工作若细分的话包括:听众分析、准备数据资料、会场体验、演讲内容构成的考虑、进行事前彩排等。**

这就如同再出色的演员如果未做任何准备直接上台,那么连一句台词都说不好。演讲也正如这个道理。

下一项"R"是关于演讲技巧的规则(Rules),我们将在"第3天"以后详细解说。

这里先举个简单的例子。在大型会场演讲时一般要以说给最后排的听众为目标。大家知道为什么吗?

原因在于如果开始就以前排听众为讲话目标,后排听众一定会不满地反应"听不见啊",因此"以最后排听众决定音量的高低"作为原则,保证他们都听到的话,全场听众就完全没有问题了。

这还只是个例子,其他还有很多关于讲话方面的基本原则。如果不掌握这些原则,就无法顺利完成演讲。反之,若是掌握了原则后切实遵守并且反复实践，那么你一定会成为谈话高手，摆脱一上台就紧张的毛病。

PRA 法则

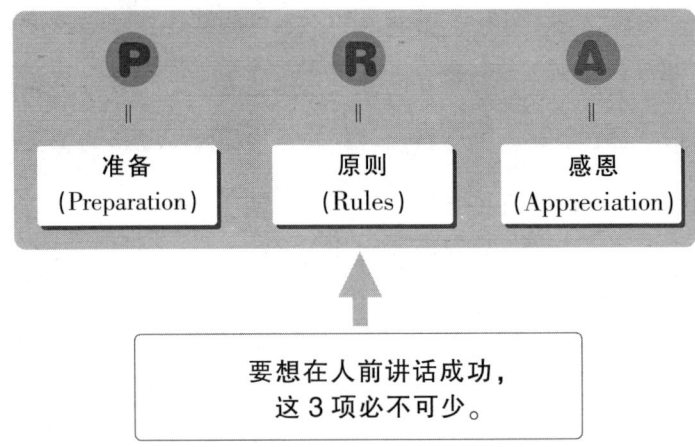

如此一来，讲话时就不会再紧张，从我以前指导学生的经验中都证实了上述观点。

最后的"A"是对于演讲的机会报以感恩（Appreciation）的心情。

通常，人们常会有这种"又要讲话啊，郁闷"，"如果可能，最好不要做演示说明"的负面心理。这样的话，无论何时都摆脱不了"EFGT"（经验、感觉、胆量、见招拆招）的做事方式。

至少，应该以"既然要上台讲话就要积极面对并且尽其所能"的心态做个尝试。

演讲台正是将过去所学到的技能加以实践的练习场，因此值得以感恩的心态面对。

（2）PRA 法则的练习

用 PRA 法则练习，有以下 3 个步骤：

练习 1　一次处理一件事

在进行准备的时候，与其大火力重弹齐发，还不如像来复枪那样集中火力每次只针对一个目标来得顺利。

意思就是，**如果从开始就着手处理每个环节，就可能容易产生"真难、真辛苦"的想法。**

大家都知道，我们对于自己喜欢的东西总是很容易上手并且可以长期坚持，因此从开始时就要避免产生麻烦、辛苦的心态。

例如，今天好好准备演讲内容吧，虽然准备工作很多，但就告诉自己"今天只练习手势"或"今天坐下来进行听众分析吧"等之类的准备，一件一件地来做。

PRA 法则练习

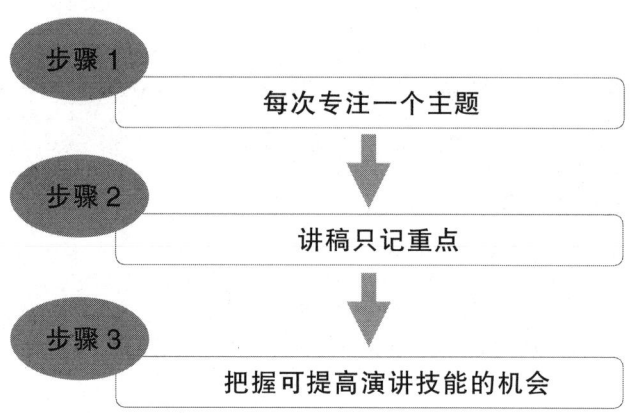

总之,在开始时以来福枪方式集中火力进行准备,将事情分开来一一准备。**待适应以后就能同时处理多件事情了。**

练习2　只记讲稿的重点

这一点是排练时常用的方法,也是原则中的重点。在讲稿上一字一句详细记录的当然大有人在,然而区别于政治家的宣言主张,作为一般讲演,这种方法意义不大。

下面,我将列举**逐字逐句讲稿的缺点**。

①不是谈话,而是书面语言,口气像在读报纸。

谈话自然与书面语言不同,照本宣科的演讲无法打动听众的心。如果是边看讲稿边讲话,听众马上会看出演讲者在念稿子，无心与他们沟通交流。

②中途忘词的困扰。

即使逐字逐句记录并且都背下来，与随意自如的讲话相比，还是无法成为生动活泼的演讲。

然而，也有些人事先做了记号但是途中忘了词顿时头脑空白讲不下去。

③没有逐字记录就说不了话。

就是说一旦形成依赖稿子的坏习惯，手上没有东西时就讲不下去，对于打算毫不紧张坦然自若演讲的人只会起到更坏的效果。

归纳上述观点，做到在稿子上记下要点、关键词语或句子作为参考，以备不时之需的程度就可以了。

练习3 把握可提高演讲技能的机会

PRA法则中的"A"是对于每个上台演讲的机会心存感激（Appreciation），如果不抓住这些难得的机会，损失的是我们自己。**总之，对于每个课题要循序渐进地推进，使自己的技能逐步得到提高。**

提高技能的课题有很多，我们将在后面详细解说。现在先举例来阐述一下视线交流的重要性。

首先,在说每一句话时要与一个人进行视线接触。譬如,在说"大家早上好"之类的寒暄语时,要看着一个人,不要脱离其视线,这一点是通用原则。

掌握了这个原则后,接下来就不再仅仅是看着听众,而是同时观察他们的反应,若是看到"讲得没有意思换个话题吧"或者"再详细说明一下"等之类的表情时就要做相应的调整。

再进一步的话,听众就能从你的眼神中体会到那种迫切的情感:"请务必听我说。""你们觉得如何呢?"

若是你真的掌握了这样的技能并有了亲身实践,就会真切地产生出"真是令人欣慰啊"、"真是件有趣的事情"之类的情绪。感受到自身的能力在一点点地提高的确是件令人欣喜的事情。

《论语》里有句话说道,"知之者不如好知者,好知者不如乐之者",这是孔子关于学问的看法。做演讲也是同样道理,即与其了解说话的原则技能,不如去对说话本身产生兴趣更能提高我们的水平。如果能充分享受上台讲话的乐趣,那么你就会成为专业级别的谈话高手。

4. 克服紧张的方法

(1) 改变说话方式

克服紧张感在过去曾有过类似心理暗示的方法，譬如"手心上写人字再吃下去"、"将听众当成萝卜、白菜"等。

其实还有更有效的方法，**比如采用不同的说话方式，或者干脆改变说话方式**，如此这般就可抓住听众的心，"推销员讲话法"（参照第153页）就非常有效。

例如，在买还是不买未决定的阶段，"如果想买的话，A或B哪个更觉得好呢?"促使对方在两者之间做出选择。

还有在推销保险的时候，若是碰到对方说"没钱买"而遭到拒绝时，要采用"就因为没钱，才要防止发生意外呀"的反向法。这种抓住对方观点反向说服的方法在销售谈话中被称为"回力镖法"。

这些销售谈话不仅可以提高出售的可能性，还是克服紧张感行之有效的谈话方式，大家想不想多了解一些呢?

(2) 克服紧张的5个法宝

下面将介绍5种说话方法，掌握这些方法后你就会自信坦然地上台讲话了。

方法1 直接说出自己很紧张

也许你心里想着"无论如何不能紧张",并不断地与之抗争着,其实到头来没有任何好处。克服紧张感的第一步就是面对现状并接受事实。

因此不必非要强化心中"一定要战胜紧张"这种情绪,或者说满脑子都是"怎么做才不紧张呢?"而急于寻找对策,其实这没有任何意义。

首先,"我现在很紧张"直接承认这个现实,然后,平静下来审视自己,"心脏咚咚跳得厉害"、"脸开始发热了",以第三者的眼光来看待自己,心情自然会平复下来。

我不太赞成那种明明非常紧张却不断地暗示自己"我没有紧张"的方法,还不如坦然地承认,心情才会逐渐放松,这个做法经过多人实践已被证实成功了。

作为讲话方法在开始时就向听众申明"我有些紧张"、"现在我的手在发抖"。**与其故作镇静声音颤抖地讲话,还不如就告诉大家我很紧张**,能做到这一点就给正在紧张的自己带来了巨大的力量。

方法 2　向听众提问

第 2 种方法是向听众提问，这么一来**听众的目光会转移到他人身上**，"自己在众目睽睽之下"的紧张感就会随之减少。

如果听众人数众多叫不出名字时，可以向众人发问："大家是什么看法呢？"，如此一来心情会轻松很多。

克服紧张感的 5 种说话方式：

①直接坦白"很紧张"。

②向听众提问。

③不要咬文嚼字，用日常方式说话。

④自问自答。

⑤多用肯定语气表现自信。

如果听众人数为 10 到 20 人，并且都很熟识，或者通过他们的胸牌知道名字，"田中先生的意见呢？""山本先生，您都听明白了吗？"这样点名提问也是个好办法。这种方式会拉近与听众的心理距离，**将单方的演讲变成双方互动的对话形式**，由此你的紧张感会逐步减少直至消除。

当你问道："大家今天早上都几点起床的啊？""吸烟的人大概有多少人？"这类问题会让人感到亲切，并且能很快得到回应。作为促成对话形式的导入部分，多次使用马上会使气氛变得轻松愉快。

方法3　不要咬文嚼字，用日常方式说话

造成在众人面前讲话紧张另外一个主要原因是没有口语化，使用平时不常用的词汇。

比如说"不胜荣幸受邀参加此次座谈"、"今天难得大家聚集一堂"、"感谢各位莅临"等此类寒暄会使人顿感严肃而不禁惶恐。嘴里说着不习惯的话，心里就会想着说错了可怎么办？失败了可如何是好？

举例来说，不要说"今日"而说"今天"，把"前两天"说成"日前"等，**多使用口语类词汇，就像在咖啡馆同朋友们闲谈一样，才能克服紧张感。**

当主持人介绍即将出场的你"接下来有请山田先生"，这时你就没有必要上来后再说"我就是刚才主持人说到的山田"，咬文嚼字的表现方式只会使自己更加紧张。仔细想一下，主持人在说"有请山田先生"时，不可能是别人登台。这就是要做到避免咬文嚼字。"大家好，现在我想同

大家……"这样说着直接进入正题，并开始演讲是明智的做法，不要做那种只会增加自己紧张感的无用功。

请避免使用那些自己不习惯的词汇，尝试采用平常聊天的讲话方式。

方法4　自问自答

第4种方法是自问自答，也叫提问法。作为谈话的方式虽然归入了提问法，但其实从一开始就没有期待对方的回答。

英国前首相撒切尔夫人就常采用这个方法：

"现在对于英国来说什么事情最为重要？（稍加停顿）是的，就是坚信英国一定会强大的信念。"

"各位，你们认为人际关系中至关重要的是什么？，其实就是换位思考。"

"大家是怎么看的呢？是啊，这个是正确的。"

与前面提到的点名提问相类似，**自问自答可使造成"所有在座的人都在看着我"、"焦点都集中在我身上"之类的心理压力逐步减轻**。在向听众提问时，虽然只是暂时的，但是他们需要回应问题，自然就会将注意力从演讲者身上转移开，所以提问法对上台紧张的人比较有效。

不过如果重复使用同一种方法一定会令人生厌，应该将这里介绍的谈话方式穿插使用，灵活地运用到演讲中。

承认自己紧张、向听众提问、整场演讲采用普通的说话方式、根据情况向听众提出问题并自问自答，这些方法交替使用必定会使你从紧张中放松开来。

方法5　多用肯定语气

容易紧张的人在交谈中常常显得底气不足，最有代表性的词语是"我想"、"也许"，例如"我想交付应该可以吧"、"大概能提高15%的销售额"之类的表达方式。

讲话者如果以这种软弱的语气，听众自然地就会认为他"看来不够自信啊"，这种情绪和氛围从听众身上流露出来，讲话者自然就会紧张起来。

所以，请记住要时不时地用肯定的语气来讲话，这样做不仅能鼓励自己还能让听众感受到你的自信。

对我来说也如此，比如"用这种方法也许就不会产生紧张感，试着做一下如何？"这么表达的话不会获得读者的信任，结果就是听众会感觉"真的么"，从而产生怀疑。如果换成"用了这种方法一定不会紧张"就比较好。

再谈上个例子："这周一定完成交付！""绝对能提高15%的销售额！"这种肯定的表达方式在感到紧张的时刻使用

的话，会让你真切地感受到压力减少很多。

若是政治家演讲，"也许我可以让新干线在本市设立车站"，与其这么说，不如"一定让新干线通过本市"这样斩钉截铁地发表宣言，想必会获得更多的选票。通常，**人们会容易信任自信的人或者是"说话时充满自信的人"**。

5. 不要小看事前练习

(1) 事前练习的神奇效果

对于演讲，事前演练是命脉，**它起着至关重要的作用。**

让我们设想一下拳击比赛的场面，如果没有平时的训练随随便便就上场是绝对不会打赢吧？做演讲也是一个道理。

拳击不仅需要自我训练，还要设想实战场面进行模拟训练，即带上拳击手套，找一个与比赛对手水平相近的对象交战，这与演讲的事前演练很是相似。

相对于演讲前准备的时间，真正登台发表讲话的时间都微不足道，而正是靠着长期的准备和事前演练才能保证在短短的演讲时间内取得成功。

谈到实例，我从未听说过没有经过练习就成功的例子，相反，包括我自己经历的和见到他人失败的例子倒是数不胜数。

人身上具备能记忆的器官，不断重复同一个行为的话，身体会记住这些行为。

所以在登台之前不断地进行事前练习，到时候即使自己在无意识状态下都可以出口成章。

讲到这里大家也都明白了，**无论是多么简短的讲话事前至少要准备一次练习**。比如小型座谈会、销售会议，甚至是同朋友间的交谈，心里也要有稍作演练的准备。

我接触过不少人，他们自认为嘴笨、讲话讲不好、因说话紧张而备受困扰，但是**经过充分的事前练习，患有上台恐惧症人中的80%都克服了紧张**。

总之，事前演练如果做得不充分，心里就会产生不安，如果听众提出这样的问题可怎么办？中途一时忘词可如何是好？一定要做好事前演练才能将你从不必要的紧张感中解放出来。

(2) 演讲前做好现场模拟练习

听众的反应会随着我们演讲的不同时间带而相应不同。

比如在饭后听讲，任何人都会听得昏昏欲睡。

在这种时刻若是再念稿子，听众更会乏味地想睡，根本无心再听下去，所以说舒展一下身体、讲几个笑话等类似的暖身活动非常有必要。演讲者除了做到上述行为，还要加大肢体语言的幅度、提高声音等，确实要费一番功夫。

若是能像正式上台那样做事前演练是最为理想的，切不可按照上午的方式排练，而实际要到下午才演讲，结果造成听众睡成一片。

另外，现在好多人都用电脑做发表和演讲，因此不要忘记预先试用一下设备以确保连接都没有问题。如果到时候直接上台就使用，一旦发生故障会令人措手不及。

我就碰到一次电脑突然发生故障，幸好当时备有 OHP (Over Head Projector) 投影机才得以顺利进行。因此，为防万一，必须要做好准备工作。

总之，做事前演练要尽可能地选择与正式上台相同的会场、时间段，甚至同样的器材设备，这样一来到真正演讲时就复习演练，自然就不会紧张。

说到会场方面，比如"这个地方写板书因为反光观众会看不清字迹"、"麦克风的音量需要调整"等等问题就可以事先发现。我曾经到地方工商会所做讲演，没有彩排，也没做备用方案，直接上台开讲，结果效果很不好。

写板书时，下面人嚷嚷："有反光看不见！"用麦克风讲话时听众又喊："听不见。"

最后落得一败涂地。

另外，**如果有主持人，演练之前也要把主持人的讲话考虑进来**。一般来说，演讲人上台前主持人会做个介绍，这段讲话有没有最好与主持人确认一下，不然没有任何铺垫直接被叫上台会造成手忙脚乱的局面。

说了这么多就是要说明，事前演练要在正式上台的地方进行，是非常重要的步骤。即使是5分钟的简短讲话，在现场大声练习，到真正登台时就会轻松很多。

模拟练习的重点

重点1　拿出正式讲演时的样子，大声地讲话。

重点2　假想听众就在台下，左右移动视线。

重点3　设定好需要大幅度肢体语言的地方。

重点4　确认好现场设备器材。
例如电脑的型号是否符合等，若在正式登台时才发现问题容易措手不及。

重点5　牢记会场整体的状态。

专栏 2

演讲有乐趣

过去曾有家大型零售店的副社长来找我，让我教他演讲的诀窍，因为之前他在为新进职员的演讲后作的调查问卷上看到，很多人写着"没意思"、"乏味极了"的评语。"4 天后还要进行演讲，还能得到好的评语吗？"但是，想在 4 天之内提高技能时间根本不够，于是我让他去做两件事。

一件是尽量缩短讲话时间。这个副社长一般都要讲个 30 分钟，"如果想得到好评语，那么就用原来一半的时间，即 15 分钟"，我这样要求他。为什么说得短就好？我会在后面详述，总之，演讲越简洁越好。另外一点就是要提问。不要一味地"那样做"、"这样做"地下命令，而是一个一个地面对面，以对话的口吻，提出"成为社会人了，父亲对你有什么期待"之类的问题。

一周后，副社长打来电话说"大家称赞我的演讲最令他们感动，都表示感谢"，嘴笨的烦恼不复存在了。这就是掌握了演讲的原则、进行了实践，于是获得了好评，充分体会到了演讲是件快乐的事，你也一定能做到。

第3天 掌握演讲的基本技巧

1. 急切表达的心情很重要

讲到这里再次和大家确认一下，对于演讲，什么是最重要的？

当然，要把内容传达出去的技巧必不可少，但是眼神空洞只是一味地长篇大论，听众如何听得进去呢？所以说，**最关键的其实是让对方听得明白、一定要把热情传达给听众**。

前面讲到卡内基曾说过："热情是可以传染的。"若是你的讲话充满诚意和热情，对方是一定会感受到的，即使技巧并未娴熟，同样能打动听众的心。

请回忆一下小孩子们在讲述学校的事情时那种激动兴奋的样子，开心的也好，悲伤的也罢，他们不会考虑技巧，只是投入感情直接表达，同样能成为"出色的谈话"。想想当时孩子们一定在兴奋地喊着："爸爸你知道吗？""妈妈，听我说，我碰到这样的事啦！"正因**为有了这样的热情，才使谈话**

内容被赋予了生命力。

那么现在我们就如何有效地并且简单易懂地表达，即"表达技巧"方面来进行讲解。

2. 开场的方式

(1) 4分钟抓住听众的心

"开场"是演讲的关键。

欧美国家多以"幽默开场"来开始演讲，听众开心一笑于是步入正题，这样的做法已成为惯例。不仅仅在奥斯卡颁奖典礼上，有时在正式的商务场合上也常见这种开场模式，这样的方式已发展得很成熟。

然而，东方人大多不喜欢以幽默方式开场。面对着正襟危坐的听众，演讲者通常先表明主题然后自我介绍，再加上感谢的致辞，这种开始一般都没有问题。

但是，要切记的是不能以平淡无趣、冗长烦琐的方式开始，如果千篇一律的话，听众的心不可能被打动。

心理学家祖宁提出过一个观点，**所有的沟通都取决于"最开始的4分钟"**。拿破仑也指出"第一印象不可重建"。

总之，这里要强调的就是在开始时就要抓住听众的心。

实际上，听众对于演讲者的评价不是在所有的内容讲完后才说"这个人很专业啊"、"听他的演讲很值啊"或者给出"很出色"、"不行"之类的评价，而是在开展阶段就已打好了分数。

例如，上台后就时不时"呃……"，并且不断挠头，或者结结巴巴说不出话。"这人不专业啊！"在此时听众的心里已经做出了评价。而且一旦留下这样的印象，想要扭转这个局面是相当困难的。

也就是说，第一印象不仅仅来自于外在形象，还有对你做出评价的时机，所以相对于全部内容，开端部分要作为重点，设定好时间，做足事前演练。我自己也把演讲划分为若干部分，根据听众的反应分别使用。为了能在最初 4 分钟打动听众的心，必须下足功夫多练习。

(2) 掌握开场的诀窍

登台讲话时的开场方式，有以下两个要点：

要义 1　列举重点

在开场时，先让听众了解讲话的重点。

如果只是凭感觉随意地讲，听众不明白就会发出疑问：

"这是在讲什么呀?"落得一头雾水。

看书和点菜也是如此,在开始时能看一下目录或菜谱,便会一览无余,做到心中有数了。

比如,"今天我要讲三件事。第一是经费,第二是新的电脑设备,第三是人员配置",这时不必详细说明,听众自己就会列出要点——经费、新电脑、人员。

相反,若是以"第一是关于经费削减"或者"减少300万元"之类的措辞开头,还没进入正题听众就会产生一些抵触情绪:"难道真要削减经费吗?""啊,300万呐?"

4分钟抓住听众的心

技巧1　列举重点内容

开场提纲挈领地交代清楚:"今天讲三件事。第一是经费,第二关于新的电脑设备,第三是人员的配置。"

技巧2　声调尽量低沉平稳

总之,开场时只提出重点。若是销售人员上来就说"今天要谈谈涨价的事",听众还有心思听下去么?

有关数字方面需要详述的内容最好在概要之后再做说明。在演讲开始时,"我先做一下大概介绍"作为开场白是基本原则。

要义2　声调尽量低沉平稳

发表演讲时,要让听众感觉舒适,树立良好形象,"这个人讲的话很值得一听",使听众产生这样的想法演讲就成功一半了。

这种场合下,需要注意的是声调。

紧张慌乱时声调必定会拔高,甲先生大声说道:"各位,早上好!"就这么短短一句,听众会觉得这个人紧张了吧?没有问题吧?进而产生负面印象。

加利福尼亚大学洛杉矶分校(UCLA)的阿尔伯特教授认为,演讲者在讲话时给听众留下的印象由讲话内容、表情等诸多因素组成,而其中38%来自于声音。就是说,同样的内容,由不同声音、腔调的演讲者来演讲,听众对其产生的印象完全不同。

这里需要牢记,仅仅一个声调就能使演讲者的说服力发生变化。许多销售人员都希望提升业绩,但是其实除了做好商品介绍,如何说好才是关键。

若想增强说服力,放低声调比拔高声音更胜一筹。不过在做推销时也有人认为大声讲话是有自信的表现。特别是在刚开场时,因为紧张,声音会不自觉地拔高,要及时发现并且在平复心情后放低声调。

演讲给人留下的印象

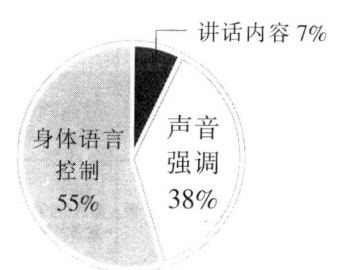

讲话内容自是重要,除此以外,如何讲话更为重要。

3. 讲话要有亲和力

(1) 用一对一的感觉讲话

不管台下有多少听众,对于演讲者总有万变不离其宗的原则，大家知道是什么吗？

就是无论何时都要以**一对一**的感觉**对话**。

即使听众人数众多，一个人自顾自发表演说而没有**对话的感觉**是行不通的。当然，我们见过政治家或某位重要人物训话似的演说场面，不过通常的演讲都是在对话般的场合下进行的。

"呃，我就是刚才主持人介绍的松本幸夫。呃，以我多年的经验……"用这种方式，没有听众会认为我在与他们对话。

"大家早上好！今天很冷啊，房前面的水池都结上冰了。啊对了，坐在前面的山本先生……"用这样的语气开场是不是更好些？即使光看文字，也能感到与前面讲到的开场方式非常不同吧？

实际上，肢体语言、表情、态度加上声音的抑扬顿挫，都会使讲话更具有说服力。

紧张感的产生，是因为面对听众心里想着"这么多人看着我哪"，于是带着"单枪匹马迎战大军"的情绪讲话。

所以，请各位安下心来，**用一对一的心态讲话，不仅能克服紧张**，还能让演讲更简单易懂、更有亲切感。

演讲的基本原则就是一对一（one to one）的沟通交流。

如何做到演讲简单易懂，富有亲切感呢？

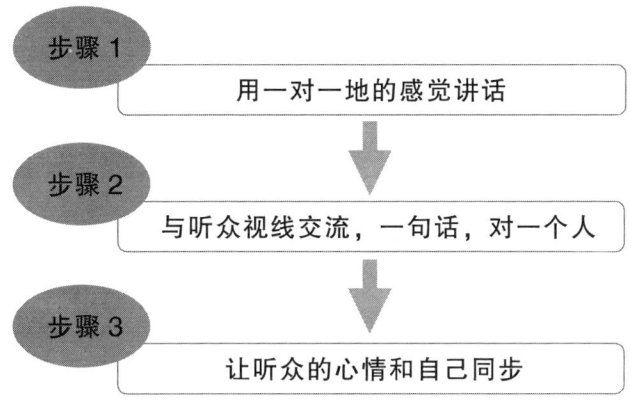

(2) 多用视线交流，一句话，对一个人

讲到这里，我们会问，如何才能以一对一的感觉进行演讲呢？

我会教给大家一个有效的方法，只要各位掌握了这个方法，再上台讲话就会与过去完全不同了。在我的研修指导中，学生们用这个方法无一例外地取得了进步。

那么请各位按照下面所示内容进行练习，再对练习结果进行打分。

这个技巧叫作一句话，对一个人。大家当然知道这与将听众看成萝卜、大白菜的理论完全不同。虽然这个方法简单易行，谁都可以做到，但是各人的效果会有差异，只要按照这个方法来做，一定会变成专业人士。

"大家早上好！我叫松本幸夫。"按照书面语言中的句号到来之前的这一小段时间，将视线对准一个人。这就是"一句话，对一个人"。

"大家——早上——好"，如果用这样散乱的视线看着台下的人，听众会觉得这个人好像有些紧张啊！无论讲话内容多么精彩，如果不讲究表达方式，最后都无法获得好的印象。

一般来说，在台上做讲演时与听众视线的交流时间会比较短。所以，"今天让我们开个愉快的研讨会吧"这样说着，在说每一句之间（句号到来之前）与一个听众的视线进行交流，那么这个听众就会产生他在对我说话呢、在与我对话呀的感觉。（当然，说是感觉，其实的确是在注视中进行对话）。

一对一讲话时的重点就在于看着对方的眼睛进行对话，再加上一句话未说完之前不要转移视线的技巧。

（3） 让听众的心情和自己同步

所谓沟通，在于双方的互动。也就是说，演讲者若是自顾自地滔滔不绝，根本无法做到有效沟通。

为了使双方得到沟通，与对方的心用纽带相连，这是关键的一点。

那么，如何做到让对方感同身受呢？例如，每个人就像车轮都有自我的行驶方向，而对方也一样有自己的轨迹。这时，如何使对方与我们同步呢？

若是能系上纽带，在转方向时，对方也同我们一样会转向相同方向。这种系上纽带的方法，在心理学上称为和谐关系。

听众通常都在考虑自己的事情，即使在听演讲时，心思仍然会不由自主地飘到其他地方。

若是希望听众与我们心思同步，专心听我们讲话，就需要站在对方的立场、以对话的口吻讲话，用这样的技巧来达到沟通的目的。

4. 简单易懂的讲话原则

（1）化繁为简是重点

善于讲话的人都会将复杂的事情简单化。然而，生活中却正相反，很多人倒是将简单的事情复杂化。

所谓复杂化，即大量使用专业词汇、生僻字，开始时不说明要点，直接从细节开始讲，随意改变话题等，这些都是造成复杂化的原因。

本书所论述的观点都可归结为追求易懂,那么如何做到这一点呢?通读本书后你就会明白并做到了。

举例来说,古代的宗教家释迦牟尼,基督还有穆罕默德,都是善用比喻的名人。在当时,大多数人没有接受过教育,知识程度参差不齐,在这种情况下,如果还讲着深奥的理论,想必不会有人听得明白,甚至很多人会想这些和我有什么关系?

总之,为使讲话简单易懂,运用比喻的方式就能达到效果。用身边发生的事件、现象等作为参照进行描述,如此一来,谁都能听得明白了。

若是设定一个参照标准——自己讲的内容小孩子听得懂吗?自己来做个评判。如果孩子们听明白了,那么简单易懂这一点你已经合格了。

(2) 做好事前准备

为做到简单易懂,以下三点非常重要。

步骤1 把内容归纳为三个重点

我在前面提到的开场白的要点中大致涉及了这个观点,

我们可以这样说:"今天我主要讲三点。第一……第二……第三……"主要归结为三个要点,讲话内容就会清楚明了了。

例如,曾经看过一个关于时局情况的电视访谈节目,一位著名评论家这样讲到:"主要有三点。第一是日美贸易不均衡,第二是日本防御问题,第三是有关环太平洋区域的贸易情况。"以这样的形式推进讲话内容,会让人感到这位评论家很有头脑啊、归纳的特别好的感觉。当然,之后的评论也都听得清楚明白。

反之,某些评论家说到有三个要点,但是没有说明是哪三点就直接切入正题开讲,讲到后来听众都没有听到这三点是什么。所以说**在开始点明三个要点,既可以让听众清楚明了,也可以让演讲者自己不易忘记**。

不过,如果归纳出的要点有5个或者7个,就会降低其重要性,更别说20甚至30个了,这太容易让人忘记了。显然"三个要点"的构成,不仅在均衡性上,在简单易懂方面更胜一筹。因此请养成归纳成三点的习惯。曾听到一位名人说他自己在还没有想好内容构成的时候,就先说"有三个要点",然后再边想边说。

我们虽然还不具备这种专家水平,但是起码要做到把内容归纳出三个要点再讲话。

做到简单易懂的方法

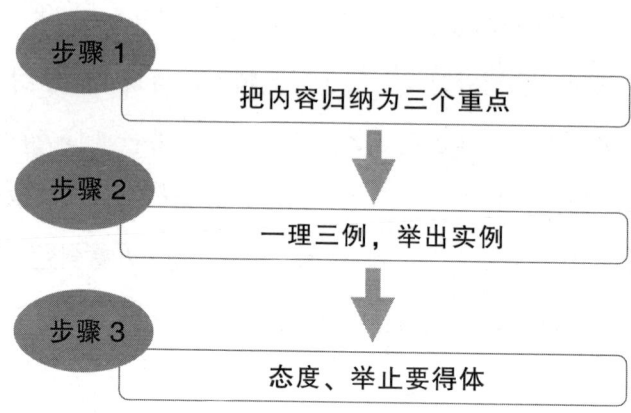

步骤 2　一理三例，举出实例

要使演讲简单易懂，具体实例必不可少。

在古代就有雄辩家提出"一理三例"，就是在论证理论的时候，一个理论需要三个具体实例来说明。

例如，我在讲解身体语言和态度的重要性时，列举了如下实例：某些企业高层对待不良事件的恶劣态度、局长扔掉了长野县知事田中康夫的名片、卓别林和憨豆先生在影片中不说话也能传情达意。

也就是说，讲话时态度诚恳会让听众产生好感，态度和表情比语言更能强烈地被对方感知。

我就不再详举实例了，总之沟通的核心在于态度，做好这一点，复杂难懂、缺乏说服力的负面评价将不复存在。

若是在商场上，**将一些成功实例展示出来，对方就会感到安心，并会增强说服力。**

在许多场合，我们的目的不在于要把观点强加给对方，而是让顾客认可并采纳我们的建议。举个简单的例子，酒店如果强迫顾客花钱，那就如同行骗一样，客人会觉得不舒服。若是酒店的气氛和服务十分令人满意，客人自然会掏腰包多花钱。

因此，不仅仅限于商场，我们要做到在任何方面都应当给对方提供更多的正面实例。

步骤3　态度、举止要得体

日本有句俗语"商为笑，笑即胜"。生意场上的起点是笑容，也就是态度。笑容对于沟通交流极为重要，也是必须具备的武器。

在台上讲话时，演讲者容易把重心放在如何让内容抓住听众的心上。其实除了所讲的内容，听众所注视的方面也不能忽视。在演讲的整个过程中，作为演讲者的你也是作为视觉物体完全展现在听众面前的，服装、仪容等外在因素自然是处在众人的目光下的。不管演讲有多精彩，如果一副无精打采、不修边幅的样子站在台前，听众就会觉得这人感觉不太好啊、讲得虽然都听明白了，这态度可不怎么样，他们在心里自然不会给打高分。所以说，演讲者的态度非常重要。

5. 使语调抑扬顿挫

（1）手势有助于表达

若是想加强说话的力量，我们该如何做呢？

很有效的方式就是利用手势动作。其中有一种被称为加压式，就是手从上往下施力，这个动作非常有效。

过去有一个著名的"肯尼迪手势"，就是因为肯尼迪总统常用该动作而得名。

讲到重点时，肯尼迪总统总是习惯性地从上往下做个像空手道挥舞单刀一样的动作，听众马上意识到这一点非常重要、请大家务必做到等演讲者传达出的强烈情感。

前总统克林顿就曾仔细地研究过肯尼迪，在演讲时做同样的动作并且换成握拳的样子。

这个姿势被称作"舞锤式"，如同上下挥动锤子一样。号称"雄辩家"的阿道夫·希特勒在发表演讲时就特别喜欢用一个动作。

为表现话语的力度,让我们也试试这种从上往下施力的加压式方式。特别是在表示某些诉求或希望时,这个动作比较有效。

另外,不仅是手的动作,同时要用力点头以示强调明白了吧?对吧?以前的社会党首领土井先生和英国前首相撒切尔夫人也惯常用这种加压式方式。

(2) 慢慢走近听众

想要说服他人,应当缩短与对方的距离。

商品放在远处,却还要推销给对方,恐怕没人会买吧?

如何使话语更具有说服力呢?

①手势有助于表达　②慢慢走近听众　③巧妙运用"留白"

在发表演讲的会场上可以慢慢往前靠近听众,这样比较有说服力。

靠近听众会自然地产生某种压力,在物理学上拉近距离更容易说服对方。

这时要掌握的要点是缓慢前行。如果莽撞行事,听众感受到过强的压迫感,反而起到不好的效果。

心理学上将这种心理上的距离称为个人空间。人们所认为的触手可及的空间一般只允许家人或亲友踏入,若有外人恣意靠近,人们自然会马上拉起警戒线。

因此,在演讲期间如果想走到台前,不要从开始就拉近距离。**若是人数在 10 到 20 人时,大概往前走一两步就可以了。**当然重点在于不是讲话间随意走动,而是在讲到关键点需要强调时才走近听众。

(3) 巧妙运用"留白"

有谈话高手之称的德川梦声[①]曾说过,说话最难的部分,在于如何运用留白的技巧。

绘画时画面中必须要有背景,画家要在背景的部分留有空白,才能很好地设计整个画面。

---

① 德川梦声(1894.4.13~1971.8.1)。

当我们想着要做个漂亮演讲，绞尽脑汁去寻找讲话技巧时，德川先生却主张沉默才是最重要的技巧。电台播放的宫本武藏的精彩朗诵中，我们清楚地感受到他对"留白"的出色运用。

同理，演讲时讲话时刻和沉默时刻两者都要具备。

能灵活运用这些时刻，即能出色地利用空白时间的人，才是专业的演讲高手。

不成熟的演讲者，因忘词而不安，只会一味地强迫自己持续地讲话。其实，若不能适当地留些空白时间，听众也会听得十分辛苦。

感到说得有些长时，请留出些空白时间，这样反而会让听众把注意力投入到你的演讲中。

总之，懂得有效运用不说话的时间，也就是制造留白的技巧才是最厉害的高手。

6. 充分利用手势及表情

(1) 动作幅度与听众人数成正比

所谓手势动作不仅是指单纯的手部动作，确切来讲是在一定要让听众听明白的情绪驱使下，手部动作自然而然就出来了，这样做最合适不过。

手部动作的运用一样有基本规则，最根本点在于与听众的人数成正比，也就是人多时手势动作要大，人少时要相应减小动作幅度。

但是，大多数日本人在讲话中间有两手相握的毛病，这是由于施礼动作养成的习惯，但在两手相握的情况下进行手势动作会很困难。

这种动作其实来自于古代商人常用的聆听姿态，比如被长辈训话、接待投诉客人时呈现的状态。然而，发表演讲是向听众宣讲自己的主张，即攻克状态，所以应该放开紧握的手，自然地使用手势动作吧。

无论多么细微的手势动作，都会使话语张弛有度，并且表现出声音的力度、温度和情感。

听众人数不多时，丰富的手势能使讲话生动活泼。总之，人少时动作要小，人多时动作幅度要大。

(2) 出现失误不沮丧

要记住你在讲话时，听众不仅在听，同样在看。比如说，演讲的内容很精彩，若是你的表情呆板，或者因出现失误而马上表现出一副完了、失败啦的样子，那么这时的形象会深刻地印在听众的心里。

灵活运用手势动作的技巧

①手势幅度与听众人数成正比

②出现失误不沮丧

③情境描述

大家先试想一下某些演员的样子。演技派的名演员，即使不说一句话，通过丰富的表情变化也能充分传递情感。

我们在讲话时，**与语言相比，其实表情能给人留下更深刻的印象**。根据东京大学工学部的研究，人们在沟通交流中表情在印象形成中所占比重为80%。

特别是在情感方面，单单看面部表情就能明白很多事情。比如我们中了几亿元的乐透大奖，即使什么都不说，周围的人也能感觉到你是不是碰上什么好事了。

这一点不仅仅局限于情感方面,在发表演说时,听众不仅听你讲话,同时也在看着你的面部表情。

在事前演练准备充分的前提下,即使有疑问提出仍能从容面对,有了这份自信,我们的表情和态度自然就会显现出来。因此,若是发生小失误,为防止出现沮丧的表情,我们现在就开始练习吧!

(3) 多用具象的语言

在前面我们已经讲到了描述心中情景的语言叫画面语言。也就是说,像绘画一样进行描述。不要说成"拿到球了"、"狗在呢"这样苍白的语言,而是要结合手势动作详细描绘其颜色、大小、形状等。

"我有一个直径30厘米,这么大的(手势比画)橙色排球",这样讲听众听得清楚明白。若是简单地说一句"我有个球",这样的描述就太不充分了。

或者说,"大约70到80厘米的样子(手势比画),是淡褐色毛发的黄金猎犬,母的",这种表达就比只说"一条狗"更能让听众想象出狗的具体模样。

若是用语言来描绘事物,尽量选用使内容产生视觉感的文字,即色彩、形状之类的描述,是不可缺少的。说得极端些,就是在描述人的表情时要详细到使听众像是看到栩栩如生的照片一样。

另外,我们要多观察那些演讲高手,看得多了,他们善用语言来描述的技能就理解得更透彻了。

总之,通过你的语言使听众能在头脑中勾画出图景,是做演讲说明的关键。

7. 善于利用非语言信息

(1) 何谓非语言信息

在沟通交流中,**语言以外的一切手段都叫作非语言信息**。

具体来说就是视线、手势、服装、表情、态度之类的可视部分,广义上来讲是肢体语言。

另外,声音的高低、语调的强弱、语速的快慢被称为讲话方式,它不存在于语言的内容上而单纯地是指听觉上的音色部分。

譬如你握紧双手瞪着对方,不见得是恐吓或拒绝,至少你传达出来的信息是我讨厌你。嘴上什么都没说,对方一样能够感觉得到。

微笑,对于处理好人际交往起着非常重要的作用,在演讲上同样如此。

作为非语言信息，即使不说一句话，"我喜欢你"、"不是敌人"、"是伙伴"之类的信息一样能传达出来。

所谓演讲，不单由讲话内容的语言信息所构成，同时非语言信息所带来的冲击也能被听众领会。前面提到的阿尔伯特教授曾表示形成印象的因素中93%来自于非语言信息。

发表演讲时，向听众表达什么内容、如何表达在质和量方面都必须提起重视，所以，不要带着"说就是了"这种无所谓的态度，而是要在态度、表情、视线、音调等非语言信息上多加注意。

沟通交流的三要素

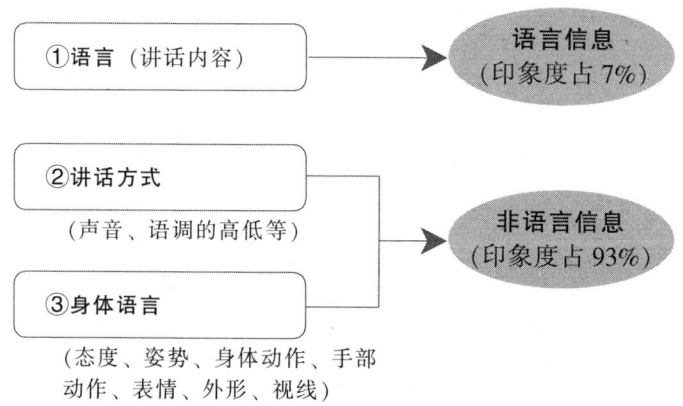

(2) 非语言信息练习法

非语言信息练习方法有两个关键点

练习 1　面对镜子反复练习

若想有效利用非语言信息，镜子可是必需品，建议大家每天面对镜子反复练习。

你见过自己在台上讲话的样子吗？我就曾看过自己演讲时的录像，反复看了不下 10 遍。说实话，看后的感觉是："当时我就是这个样子做的演讲啊？"

所以说，以旁观者的角度审视自己讲话时的姿态，对于了解自己非常重要。

也不是非要每次用录像机录下来，只要方便的时候做些镜前练习以便了解自己的状况。

刚开始时，不必马上做演讲练习，仅练习笑容就可以了。单就笑容而言，开始时你就会知道自然地露出笑容并不容易，这时只要嘴角两端上扬，自然地露出牙齿，这样看起来就会好很多。

只看指导手册还不如实际练习更能找到不足之处。

对镜练习不仅能教会我们如何微笑，还能帮助我们更好地表现出严肃、请求、悲伤、喜悦等各种丰富的表情。

每天做一点表情的镜前练习，时间允许的情况下把讲话时的样子录下来，这样能客观地看到自己细微的部分，也能很快找到需要改善的地方。

同样，语音方面也可以录下自己的声音进行检查。这么做是因为在录像、录音都具备的情况下，画面图像会干扰声音的确认，因此为了检查声音还是单独录制后播放更好。

于是你会发现一些从未意识到的小毛病，比如开始讲话前习惯说"嗯"、语速过快造成言语不清等。或者语调平淡、声音过于尖锐等许多问题都能很快显现。

非语言信息的练习方法

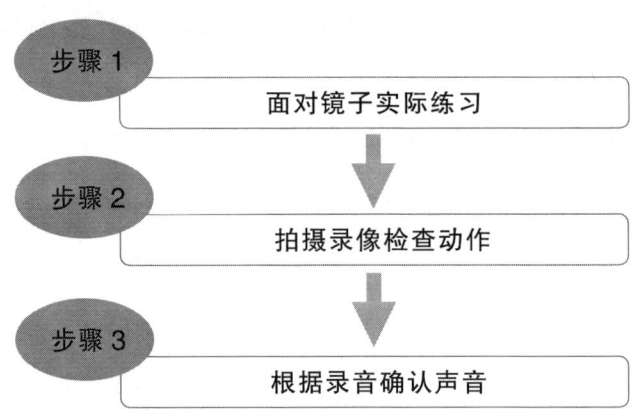

请记住下面这些都是客观地检验并能改善声音的方法。

首先，通过镜子或录像做视觉效果的检查。其次，倾听录音，对非语言信息的声音方面进行确认。然后，针对问题点一个个加以改进。

乍一看觉得好像是在绕圈子，但最终结果会证明这是最快的捷径。

练习2　模拟练习，确认细节

我再次申明，关于演讲的内容，我们不要仅仅关注要说什么内容，**强有力的手势、急于表达的目光、抑扬顿挫的音调等非语言方面的因素同样要传达给听众。**

从现在起，当我们处在演讲的准备阶段时，不仅是讲话内容，非语言因素部分也要做好事前练习。

例如，要向听众提出希望，就应该表情庄重、手势也要采用下压式，并靠近听众，这些要在心里做好部署，然后反复排练。

这些做法对那些认为只要内容好就能演讲成功的人来说，也许会感到不可思议。

但是如果做好非语言因素方面的排练，你的演讲技能会取得惊人的进步。

因此，我们可以说所谓演讲还包含了肢体语言、表情、视线、音调等众多因素。

"那个人的演讲好令人感动啊!"对于做出这样评语的听众来说,他一定是感受到了演讲者的非语言因素带来的打动人心的力量。也许是被演讲者强有力的肢体语言所震撼,也许是被抑扬顿挫的语调所吸引,也许是时而高亢时而温柔的声音打动了听众。

我们有时会忽略非语言因素所具有的力量,若使自己的演讲更加出色,请一定要对其加以灵活运用。

专栏 3

为何被感动?

奶奶的长子死于战争。

小学低年级时的暑假,我们常去奶奶家玩。那时老人家已经行动不便却总是偷偷塞给我零花钱,并叮嘱我保密:"小幸夫赶紧把钱藏起来。"大家也都装作不知道的样子。这些回忆非常令我怀念。

一个炎热的午后,我在给奶奶捶背。"你让我想起你大伯了。他是个特别温柔的孩子,经常这样给我捶背呢。" 奶奶突然落泪了,给我讲了很多大伯的事情。

奶奶当时讲的话,深深打动了我那颗孩子的心灵。奶奶真的好爱她的孩子啊!我同样为她而心痛,于是我什么都不说静静地听奶奶讲述。

当然,奶奶没有学过任何谈话技巧,但是她的话却那么让我感动。

从效果上来说,表达技巧和规则确实存在并且也很重要,但是,最关键的还是传达出来想让他人知道、了解的心意和热情。

第 4 天　演讲实践

1. 有益处排练

（1）必要的分段练习

演讲水平高的人都是善于自我练习的人。

我的练习方法是将整个内容分段，如果要做两小时的演讲我不会真的就进行两小时的练习，原因在于时间不是那么容易获得，内容构成还未完全确定。

我的方法是将演讲或报告的内容拆成好几段，每段拿出10到15分钟的时间进行练习。平时我出差也很多，无论到哪儿，都会有些零碎的时间，无论是在酒店或是在机场，只要一有空闲时间，我就在脑海中反复做迷你排练。

练习时间可根据每天的情况设定5分钟至20分钟，积累下来，效果惊人。2小时的演讲一般先做个一至二次的整体练习，但重点还是以分段练习为主。

在研修会上，我设定了"3分钟演讲"，模仿拳击比赛中每一轮为 3 分钟的样式，并称作"旋风演讲"给学员制定作业。

第二天，做了练习和完全没做练习的状态一目了然，前者显得自信很多，而后者就有些语无伦次。这更说明了事前练习的重要性。

接下来还要给大家讲些注意点，不过我还是要请大家牢记一定要做好事前排练。

（2）设想各种演讲情境

事前排练若能和正式上场处于相同的状况自然是最好，然而现实中因为要结合具体工作甚至会场各异，这都会造成情况完全不同。

根据听众人数所采取的对应方式

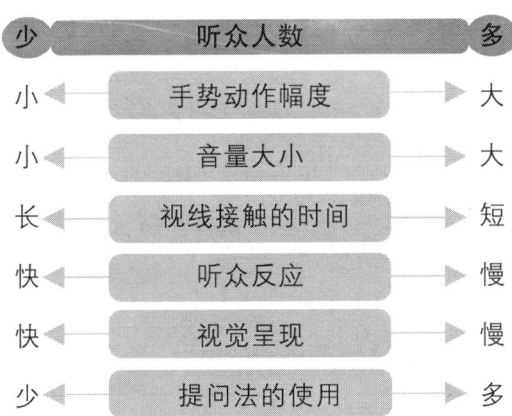

做练习时要采取设想正式上台的情境的思考方法。比如，在家人面前进行排练，脑中没有任何情景构想，就会变成少数听众下的事前练习。

无论听众人数多还是少，手势的大小、音量的高低、视线的长短、听众反应的快慢、视觉呈现、提问法的使用等都可根据前面示意图中的不同点采取相应的对策。

如果在听众人数少的情况下排练，而实际上台时却发现人数众多，那么演讲者一定会慌乱吧？

所以说，如果不能真正到现场排练，也要依实际的条件在脑海中进行真实场景的模拟训练。

2. 如何轻松开场

(1) 敞开心扉，直接切入主题

有人说日本人惯于致歉、找借口，而美国人喜欢讲个笑话。有很多典型的开场措辞，大家是否也有同感？

"呃，突然被点名做这个演讲，一时不知说什么好……"、"内容没来得及整理，讲得可能不好……"、"呃，我不擅长说话……"、"得了感冒，发不出声音来……"等等。

听到这些，听众不由得心生不满，既然不知道该说什么，就别上台了、无聊的题目就别讲了、说得不好还用告诉吗？我们听了自然知道等。当然这些都是极端的例子，总之，**给自己找借口只能在听众心里减分**。

做演讲一定要把听众放在首位，请不要忘记这一点。

给自己找借口也许能让心情轻松一些，若是演讲搞砸了也有个台阶可下。但是这种做法完全是以演讲者为中心，最终不会成为成功的演讲。

另外，前面讲到的把听众当成萝卜、白菜也属于以演讲者为中心的角度。当然，讲话人的心情轻松的话，多少会有些效果。但是你把听众当成蔬菜而不是人类来看，听众会觉察得到，这如何能有好的气氛？

不找借口直接说出自己的感受，也许效果会更好。譬如，今天来的人数比我预想的要多啊、得到这次演讲的机会，非常感谢大家。如前所述，日本人不习惯像欧美人那样讲个笑话轻松开场，所以可以尝试用感谢辞、大会主题、演讲目的等作为开场白。譬如说，"非常感谢大家，让我有机会可以介绍这个主题"可"大家好，今天主要是谈……"等等。

除非你的演讲技巧已达高人境界，否则别随便尝试自己不熟悉或不擅长的开场方式，造成冷场也就算了，最怕是又给自己带来不必要的压力。直接切入主题是最简单又不会出错的方式，最适合初学者使用。

（2）从时事话题聊起

很多人都困惑于开场话题，不知道以何种方式开场或者选什么话题开始。

大家为了找到好话题，要么回忆过去的事情，要么找些名言录之类的书作为参考。其实轻松自如地谈些话题，也许就抓住听众的心了。应该如何做呢？

我的方法是讲讲最近发生的事情。当你为选话题而苦恼的时候，趁着记忆还很清晰，不妨聊聊近期发生的事。

将身边事作为话题，要比讲那些大事件更让听众有亲切感。

在我的研修班里，开课时经常采取这种方式。比如说，通过入口的时候，负责接待的女孩子微笑着向我们施礼、本来想在那台自动贩卖机里投入100元硬币，结果塞了1000元纸币等之类发生在身边的事情，平实地说出来。

当然，演讲的主体内容要做好事前练习。不过，在开始时用上1到2分钟说些身边的实事也很好，正式上台时这种方法用1次也可以，只不过在上台前，脑中也最好设定好故事，即做好假设排练，效果会更好。

开场时到底该说什么？

① 敞开心扉，直接切入主题。

例：非常感谢大家，让我有机会可以介绍这个主题。

② 从时事话题聊起。

例：通过入口时，负责接待的女孩子微笑着向我们施礼。

③ 接续前面演讲者的话题。

例：前边佐藤先生谈到的论点，我就非常赞成。

(3) 接续前面演讲者的话题

某些演讲会，你并不是唯一的演讲者，而是第二位或者第三位，即多位演讲者中的一员。

这种场合下的开场白，**若是谈及前面人讲过的话题也不失为一个好办法。对于听众来说这个话题已经熟悉了，所以就比较放松，听得进去，这样的效果就比较好**。"前面佐藤先生已经谈到，观察他人的行动也是一种学习"、"我也有与田中先生同样的经历"、"井上先生的意见，我也赞成"等等，在开场若是苦于找不到话题，我建议大家可以试试这个办法。

但是，**千万不可说出否定前面演讲者的言论**。例如，"前面山本先生提到的观点我表示反对"、"池田先生讲的内容有点奇怪啊"等。说出这样否定的句子，第一，会使气氛变得尴尬；第二，听众本来听得好好的，这样连他们都给否定的话会让听众感觉很不舒服。

本来就是接着前面人的话题来开场，就应该对他们的演讲给予肯定，自然轻松地展开话题。

3. 如何使听众保持兴趣

(1) 从日常生活中找实例

演讲高手一般都将复杂难懂的话题尽量做得浅显易懂。其中的一个方法是举出日常生活的事例。

我曾举办过以"谈判技巧"为主题的研修班，没有仅是讲授复杂的谈判技巧、谈判理论，而是掺杂一些生活琐事为事例进行演讲。

譬如，关于杀价涉及价格问题，讲到初次报价的难度和重要性，在做说明时加入了在香港逛街时到皮包专卖店的经历。

"……看到了一个不错的皮包,标价是 600 港币。当时我想:'能不能 400 港币呢?'自以为报了个低价,未曾想店员笑眯眯地说:'好的,好的。''唉,多砍点好了,要是说 300 港币多好。'我虽然这么想,但是没办法挽回了。所以说,初次报价非常重要。"

举出生活实例令人有亲切感,听众自然会对你的演讲感兴趣。关于这个话题我在研修班上提过将近 20 到 30 次,学员们的评论是浅显易懂。

总而言之,如果演讲内容比较复杂难懂,为使其简单化,最好列举一些亲身经历的生活实例。

(2) 制造共鸣点

没有亲切感的讲话无法打动人心,如要做个富有人情味和亲切感的演讲,一定要避免使用居高临下的言语及态度。

这种时刻,要让听众感受到"我也和你们一样"的心情,让听众在心里产生共鸣。**兴趣、家乡、家庭之类都是容易引起共鸣的因素**,这些若是一致,对方很快会产生亲切感。

例如,"哎,你玩儿冲浪哪,我也是"、"你的家乡在长野啊,太巧啦",很快就能聊起来。

在台上讲话,即使想与听众共鸣,但是这样的提问有时无法做到。

面对众多人进行演讲,一个一个去提问是不现实的。或者说在做产品说明的场合,也会发生找不到共鸣点的情况。

那么这个时候如果有能创造出共鸣的话题极其重要,所以试着加入些新闻轶事是很聪明的办法。

要注意避免加入悲伤的、沉闷的事件,否则整个会场都会沉浸在沉闷的气氛中。**尽量采用愉快的、令人喜悦的新闻。如果是听众也熟知的新闻话题,演讲者和听众就自然在其中形成了共鸣空间。**

什么话题可以吸引听众?

①生活实例或经验之谈。

例:在香港买东西时,我报出价钱,就知道太高了,不过已经来不及了。

②可以产生共鸣的事。

例:听说了山本明天要结婚的好消息。

③分享秘密。

例:只告诉你哈,其实我拿到了很多奖金。

(3) 巧用八卦轶事

若不想让听众感到乏味,可给他们讲些八卦秘事,就是说,让听众觉得只有在这个演讲中才能听到某些事,自然就认真地听下去了。"我只对你们讲哈"这么说着,听众的好奇心被鼓动起来。做演讲的其中一个目的就是让听众获得"哎,来对了"、"来听这个人的演讲太值了"之类的满足感。

曾经有个著名的棒球选手回到自己成名前工作过的公司去做演讲,之后有个职员说了这样的话。

"其实在演讲中,那位选手偷偷告诉我们他在队里挣的其实比外面传说的要多。"

他还表示有一流选手给我们爆料,觉得这个演讲很特别、很有趣。

所以说从这个例子引申出来的就是说我们平时应该搜集些日常生活中的八卦轶事,一旦听众表现出无聊乏味,就可以拿出这些话题来活跃一下气氛。

4. 消除突发的紧张感

(1) 寻找熟悉的面孔

如果你对于演讲内容充满自信并深感兴趣,基本上就不会再产生紧张感了。除此之外,准备充分、掌握演讲的规则、做了事前练习,应该就不会有什么问题了。

但是,作为普通人,无法保证永远都不会出错。为此,我来介绍一些击退突发紧张感的方法。掌握了这些方法,产生紧张感时可以从容应对,并能防止其再次发生。

首先,在台下人群中寻找熟悉的面孔。

如果在工作的地方做演讲,朋友、同事或者上司的脸很容易发现。有熟人在,这种情绪下演讲会比较安心。如果听众都是熟人,那么就更不会产生紧张感了。

如果有可能,可以适当发问:"山本先生,你觉得怎样?""田中先生,这样如何?"如果他们能做出回应,气氛马上会变得轻松起来。

感觉上就像是到了完全陌生的国外,偶然在街上遇到了熟人。

(2) 寻找持认同态度的人

一般来说,听众里一定有对我们持否定或批判态度的人。在我办的研修班中,在还没有正式开始前,我时而会看到板着脸,带着不屑一顾表情的听众。

这些人明显带着某些情绪:"这么忙还参加什么研修班,

真麻烦"、"这纯粹是浪费时间,听着就累"。看着这些人的脸,容易紧张的演讲者就更惶恐了。

相反,人群中也一定会有一些笑眯眯、显得很随和的听众,多与这些人的视线接触就能多少安下心来,以减少紧张感。

"完了,紧张了"或者"要慌"这样的情形发生时,首先去找熟悉的面孔,若是这样的人不在人群中,那么就去找对演讲内容持肯定态度的听众。

多少总会有随和的、能肯定我们的听众,所以这个办法比较适用。

持肯定态度者的特征:

①面带笑容。

②频频点头。

③用心做笔记。

④对笑话有反应。

⑤坐在前排(自由选座位的情况下)。

(3) 提出需要思考的问题

前面曾讲过用提问方法消除紧张感,其实在紧张感突发时马上提问,也能解决问题。听众专注于刚提出的问题,自然就会把注意力从演讲者身上转移开。

一般情况下，要提一些简单易答的问题，若是问题过于复杂，听众沉于思考，双方的交流和互动便陷入僵局了。

不过，为消除紧张感，让听众多花些时间思考也未尝不可，在他们的视线转移的空档，演讲者可以平复一下心情。

例如，"关于阿富汗问题，大家是怎么看的呢？"、"现在这种不景气的状态能恢复多少呢？"之类的问题，不是一时半会能回答出来的。

但是，**有时候也不见得立即就能想出复杂的问题，所以需要事先多准备几个备用**。

(4) 不与紧张感对抗

前面我们谈到防止紧张感的方法，即大方地承认，若是否定真实的状态而说自己完全不紧张，效果反倒不好。

这不仅仅限于开场时，若是演讲中间紧张感袭来，暂且承认便好。

不过，在演讲期间若感到紧张，只在心里承认就可以了，这样多少能减少些紧张感。开始阶段时说"现在有些紧张啊"，人们还不觉得奇怪，如果演讲已经进行了一段时间还这样说的话，听众会认为"这个人不太自信"、"看来还没习惯呢",从而产生负面的印象。

总之,自己感觉紧张就放在心里,不要说出口,即使心里想着我没有紧张也于事无补。

切莫与紧张感抗争是基本原则。

(5) 活动身体

人在紧张时的样子常常是身体僵硬、两手臂交叉抱在胸前,这种状态其实反倒更不能让人轻松下来。

所以,如果感到紧张,不妨活动一下身体。可以慢慢移步到听众方向,或是转向会场的中心部位。

实践一下就会知道,相比站立演讲,一边移动身体一边讲话时表情会变化,音调也会相应不同。

因此,紧张感也会随之自然而然地减少。

在我的研修班上,为了使听众放松心情,我会让大家做一下简易体操。听众可以放松心情,演讲者也能消除紧张,一举两得。

另外,也可以使用投影仪、录像机之类的器材,不仅能摆脱僵化站立的状态,也可以使听众听得更加明白。

(6) 写板书

如果容易紧张,也可以采用写板书的方法。紧张状态下活动身体会显得不自然，而写板书就可以随意走动了。

除此之外，写板书还有如下好处：

①**活动身体，减缓紧张。**

②**听众的视线转到黑板或写字板上，气氛会轻松起来。**

③**取得空档，心情会变轻松。**

写板书时，最好不要长篇大论。听众一字一句地默念板书，每个人的读字速度又各不相同，之前演讲时集中的注意力这下会变得参差不齐。因此，**写板书时只要写下重点和关键词语就可以了。**

另外，如果讲话时间过长，听众因为视线一直固定在一处，不免会昏昏欲睡。

通常，演讲者站在讲台后持续地讲话，听众的眼睛也始终关注在演讲者身上。

如果演讲途中，演讲者变换位置到另外一个地方，听众的视线也会追随过来。所以说，演讲者时不时地走动十分必要。

(7) 请听众读资料

让听众念一段分发的资料或讲义也是个办法。同样地，转移了听众的视线，紧张感自然消退。**听众仍然沉浸在演讲内容里，但是注意力这时已转到了手中的资料上。**

此外,作为减轻紧张感的办法之一,它对于演讲本身也有好处。视线若长时间集中在演讲者身上,不免会产生困乏感,朗读资料也可让眼睛的关注范围发生变化。

我在讲课时自然毫不紧张,但有时也会感到来自学员们的紧张和压力,为了调节气氛,让学生朗读材料,从而使课堂的节奏变得张弛有度。

若是条件允许,可以点名"山本君,请把第15页的上半段读一下"。

采取点名朗读的方法,可以使听众们适度地紧张起来,再发出声音就能使会场的气氛活跃起来了。

消除紧张感的方法

① 寻找熟悉面孔。

② 寻找持认同态度的人。

③ 提出需要思考的问题。

④ 不要抗拒紧张的情绪。

⑤ 活动身体。

⑥ 写板书。

⑦ 让听众朗读资料。

5. KISS 法则活用

（1）何谓 KISS 法则

所谓 KISS 法则取自于"Keep it Simple and Short"（简明扼要）的头字母。请把它作为演讲的重要法则牢记在心。做演讲切不可长篇大论，简短些更好。

在台上讲得过久，多少会给人一些堆积辞藻的感觉，而**简明扼要地讲话，则让听众觉得演讲者充满自信**。

另外，根据我的经验，**听众的注意力最多持续 15 到 20 分钟**。如果超出这个时间段，就需要做些调整，例如做伸展体操、变换话题、休息片刻、进入讨论等等。

刚开始做演讲时一般都信心满满，习惯以后就会明白，让听众完全集中注意力是做不到的，所以，请多关注听众的状态。

此外，KISS 还有这样的表达意思，即 Less is more——少即是多，大家知道为什么吗？

直译就是：少更显得多。也就是**讲话的分量、信息、讲话时间越是短小精悍，越是能产生强烈的效果**。英国前首相撒切尔夫人回到母校演讲，完全没有长篇大论，只是干脆利落地说道："各位，永不放弃，永不放弃。"说完就离开了讲台。

相比长篇演讲,这寥寥数语是不是更令人印象深刻?

这里并不是列举极端的例子,再如结婚典礼上发表讲话,也应该采用"KISS法则",因为听众都盼望着早点儿开席,长篇大论自然不合适,这个法则对于一般场合下的演讲也同样适用。

KISS法则

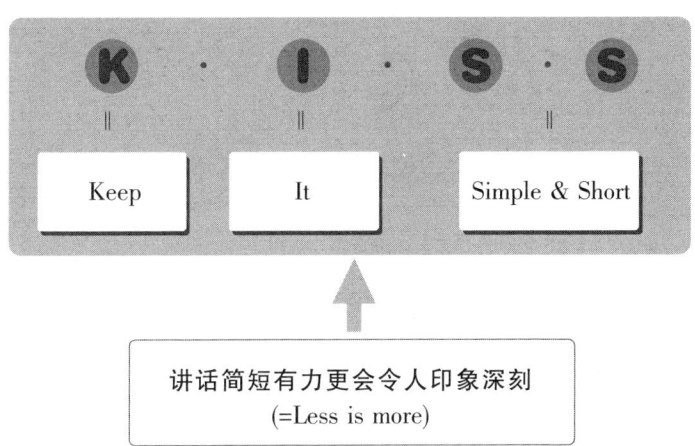

那么如何掌握KISS法则呢?

(2) 掌握KISS法则

在做KISS法则练习时,以下三点需要注意。

诀窍 1 简化句子

讲话讲不明白的人有个特点，容易用书面语代替口语，句子冗长，每段内容都是长篇大论，丝毫没有张弛有度的感觉。

例如，"呃，是昨天的事啦。我到客户 A 商会去了，呃……"讲话内容无趣，表达不流畅。因此，无法作答视线交流的基本原则。

因此，说话一定要简短有力。"这是昨天发生的事"、"我在 10 点半拜访了 A 商会"、"看到井上社长在门口站着"等清楚的语言，与此同时说每句话时都要与听众进行视线交流，这样就使话语简洁有力，令人印象深刻。

作为练习方法它不仅仅局限于演讲，要有意识地在日常会话中也做到简短化。

当然，也不是说所有场合都要这么做，但是稍不注意，一句话就会抻得很长。譬如，"这段时间啊，去长野打冰球去了，呃……"虽然口语的讲法也说得过去，但是这种拖沓的口气需要注意。可以说，"最近去长野了。打冰球，还有……"以这种简明扼要的方式讲话。

特别是在人数众多的会议或讲演的场合中，切莫忘记说话要简明扼要。

诀窍 2　断句清晰

即使是并不长的演讲，清楚地断句也会带来好的效果，当然这不仅限于上台讲话的场合，日常讲话也同样需要。

"呃"、"啊"、"也就是说"等之类的接续词都要扔掉，**要让自己习惯于使用句号。**

例如，用"变成这样"、"没关系"、"延长了15%"、"根据计划是在2月份"等类似这样的语气进行断句。

"呃，我想也许会变成这样"、"虽然预测可能会增长15%"，这种语气的长句子不仅使听众难以理解，也让他们觉得演讲人瞻前顾后、缺乏自信。

请大家记住每一句话都不要拖拖拉拉，要断得清楚、干净，用"会增长"而不是"我想大概会增长……"；不是"觉得也许没问题"，而是"没问题"，这样说能让听众充分感受到你的自信。

诀窍 3　活用 EP 法则

前面我曾介绍过，所谓 EP 法是举例（example）之后提出要点（point），是一种谈话方式。

一般说来，无论任何人都对经验和实例感兴趣，**运用**

EP 法来列举实例，既能让讲话简短，还可以使内容简单易懂。这里谈到的实例，具体来说就是让小孩子也能听懂。

例如，"前两天在电车里看到有个年轻人占了优先座还大声讲电话，让周围的人很是不舒服。"讲完这个例子，便提出建议大家在车厢内要注意行为举止。在强调"过马路要走人行横道"时，就不如"过人行横道时，举起右手，转头向左右两边看，没有车时再穿过马路"这样的说法更让听众明白。

总之，EP 法在演讲中的确能起到简明扼要、清楚易懂的作用。

6. 四不原则

(1) 不找借口

前面提到过日本人一般在开场白时，总是用道歉的语气，但是像"突然被点名上台讲话，一时不知道说什么好"、"准备的还不充分，可能大家会听得不太明白"、"得了感冒，声音发不出来"之类的话语，让听众从开始就觉得不痛快。

开场白时不要做道歉的姿态或找借口，而且在开始时听众都比较专注，所以最好是直接进入正题。

如果是简短发言，就马上使用 EP 法则从具体实例、体会开始演讲。

烦琐的客套话不要再讲，比如在结婚典礼上，开诚布公地说："大家好，其实三年前的 2 月 15 日我和山本君在藏王滑雪时成了朋友。那时……"进入剧情，然后"所以说呢，山本君性格温和，我相信他一定能过上幸福的生活，祝贺你！"完成一个简短温馨的讲话。

总之，无论何种场合的演讲，若是从道歉开场讲话，内容就已失去了一半的价值。

(2) 不因失误而慌乱

当我们在台上讲话时，任何情况都可能发生，这时切不可自乱阵脚。有些人遇到这种情况，"啊，这可不行"、"完了，说错了"，吐舌、讪笑或摇头晃脑，之前讲得再好，现在这个样子顿时让他的魅力失掉了一半。

在台上讲话时，演讲人的可视面，即姿态、态度、视线、手势等非语言信息都在听众眼里，所以"不行"、"失败啦"这样的负面情绪绝对不能表现出来。

演讲中绝不能做的事

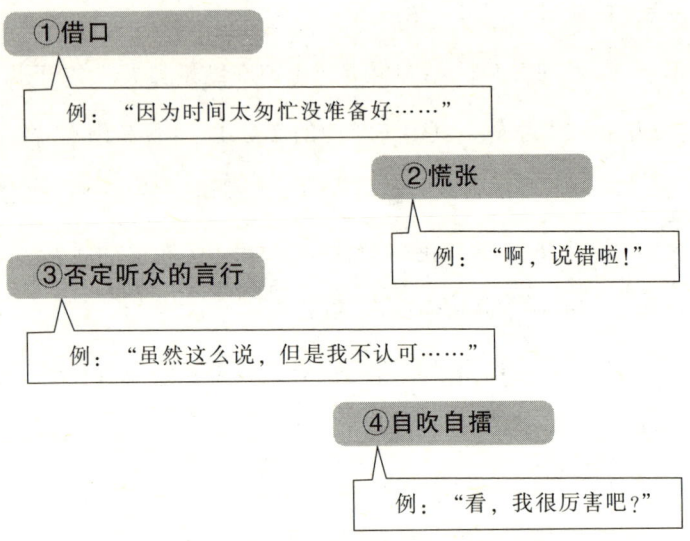

另外，慌乱的情况下，讲话内容也支离破碎，只会造成更恶劣的印象。

最好的处理方式是像什么都没发生一样，坦然自若地继续演讲。如果是小失误，听众一般不会注意到。若是这时慌了，听众反倒会关注出什么差错了？这岂不是自掘坟墓？

出现失误，仍然冷静地继续讲话，让听众感受到你的自信。所以，我们平时也要锻炼自己即使出现失败也能淡定自若的胆识。

(3) 不否定听众

演讲中切不可否定听众，无论是谁都有自尊心，因此要给予尊重和认可。

如果有"没有这回事"、"虽然这么说"、"然而"、"但是"、"不过"之类的否定词出现的话，听众会不自觉地从情感上对你的讲话产生排斥心理。

在台上讲话时应该抱着一种在座的听众每一位都很友好的心态。若是带着，感觉今天来的人都不好对付、看来不好讲等情绪，听众会觉察出来的。这里所讲的否定，不是指粗暴或批评的语言暴力，而是指对听众产生的否定和排斥的心理。

这时若是带着诚意和喜爱面对听众，对方一定能感受得到。

某些毒舌名嘴拥有极高的人气，他们的特点在于虽然嘴上刁钻但是内心温柔，从未真正对听众进行过否定，而是对他们充满善意。

(4) 不自我吹嘘

从根本上来说，发表演讲时千万不要自我吹嘘，公众演讲本身是为了与听众产生共鸣，并且相对于成功经验，人们更容易接受失败体会。当然如果演讲题目是关于成功经验的,那就另当别论,总之要尽量避免自我吹嘘的言论。

若是很想标榜一下自己,可以结合失败体会来讲,"其实,做得不好的时候也有过"之类的表达会比较好。或者加些笑话,做成一时疏忽产生口误的样子也未尝不可。像三明治一样,把成功经验夹在其中,讲述失败、自满,再一次谈论失败体验,按照这样的顺序加上谨慎得体的叙述是比较切实可行的方法。

专栏 4

语言之外

通常意义上的交流都以语言为媒介，作为传达手段，肢体语言也意义非凡。具体说来，表现为身体动作、手部动作、表情、外形、视线、态度、服装等。

请大家回忆一下卓别林和憨豆先生，他们不说话但是同样能与观众交流，同样能讲述故事。

只听电视的声音或只看画面哪一种更具有表达力？自己试验一下马上就会明白，来自于视觉的印象绝对更加深刻。

有个说法是眼睛像嘴巴一样能说话，但有的时候人们会觉得眼睛比嘴巴说得更多。不必再举田中真纪子那样的例子了，有时一滴眼泪已经述说了一切，一张笑脸有时胜过千言万语。即使不说一声"嗨"，轻轻点下头也可以让对方完全知晓。

无论是演讲还是报告说明，不光是内容的倾听，所看到的事物同样重要，而且视觉所带来的印象往往更强烈。

在沟通交流中传递出来的信息不仅来自于语言，听众既在听你讲的话，同时也在看着你，就算没有语言，仍然可以传递无数的讯息，这一点请千万不要忘记。

第5天　会议上的畅所欲言

1. 激活发言的勇气

(1) 即时模拟

在会议上突然想发言手却不敢抬起来，"唉，算了"，于是放弃，这样的经历大家都有过吧？

当然，如果准备发言，那么需要具备充足的理论、架构及创意，不能毫无章法。但是有时候内容想好了，马上组织好发言却不是件容易的事。

在众人面前发言需要勇气，这不仅限于会议场合。比如推销员报出价格的勇气、上门推销的勇气，甚至生活中向恋人告白的勇气、向指导老师说出志愿学校的勇气等等，只有具备勇气才能说出口。

如果你有了想法却因为缺乏勇气而没有告诉对方，是不是太可惜了呢？

"啊，他的那个想法，之前我也想到了"，这类句子大家应该不陌生吧？其实，**就算你的想法再好，如果没有说出来，**

结果上就和没有想到过一样。

现在的社会是重视展现的时代，为获得成功，贯彻自己的主张、积极主动发表自己的意见之类的技能就显得极为重要，那么具备这些技能的前提就是发言的勇气。

为了激活发言的勇气，最适宜的方法是即时模仿，就是在心中设定一个偶像（榜样、理想），以他为标准进行模仿训练。

譬如在会议上，发言还是不发，说什么？正困惑的时候，想象成模仿对象，拿出勇气开始发言。

但是，即时模仿具体来说该如何做呢？现在我们谈谈它的练习方法。一旦掌握了这个方法，有一天你会发现发言的勇气会突然涌现出来。

即时模仿练习法

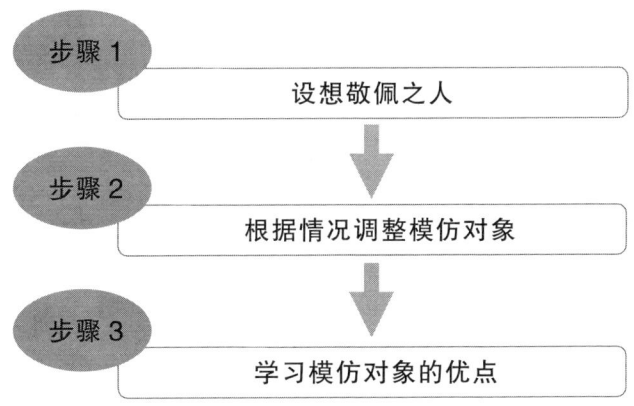

(2) 即时模拟练习的步骤

要学习即时模拟，有以下三大练习步骤。

步骤1 设想敬佩之人

首先，历史人物中，选定一个你所崇敬的人，比如坂本龙马、信长、家康或者华盛顿、里根，甚至西乡隆盛。

现在这里是在会场上，主持人问道："谁还有什么意见？"你有想法要说，但是缺乏勇气没有举起手。主持人又问第二遍："大家觉得如何呢？"正要举手，却拿不出那种魄力。在这个时刻想象一下你所尊敬的历史人物，问自己："如果你是坂本龙马，这时候应该会提出自己的看法吧？"于是情不自禁举手说出了自己的看法。

结果是，"好啊，我努力了，没有输给龙马"，做到了有想法就说出来。这就是设想历史人物进行的即时模仿练习。

当然，这些并不仅限于会议，任何纠结于发言还是不发、该说什么时的情况下都可以用这个方法。

例如，看到加塞的人提醒他注意、受到上司的不公平对待、想对付那些令人烦扰的推销、向喜欢的人表白，或者委托部下做事时，日常生活的各种场合都可以灵活运用即时模仿的方法。

步骤2　根据情况调整模仿对象

前面谈到的即时模仿是以历史人物为范本，下面我们谈谈如何将身边的人设定为模仿对象。

不过，这种场合下要根据情形、状况一个一个加以对应，即是说历史人物另当别论，身边人不可能符合范本的所有方面。

让我们试试下面的思考方法。投诉的处理，山田课长特别有经验、妹妹在电话应答方面做得更好、对付上门推销的，爸爸的做法最有效、设定目标、鼓足干劲，在激励同事方面田中组长最擅长了等等，家人也可以，对方一定要有值得自己效仿的优点。这个模仿不是照搬全部，而是根据各种状况和场面相应地调整模仿对象。从前有个说法是学习从模仿开始，模仿别人优秀的做事方法，自我能力也得到提高了。

步骤3　学习模仿对象的优点

在工作场合，我们建议选择一位同事作为模仿对象。

例如，如果你认为部长在报告说明方面特别擅长，那么以部长为范本，他在会议上的讲话方式都可以作为模仿目标，以此为榜样自己学习。

同时，本书提到的视线交流、手势、讲话内容构成等都拿来分析学习，并且对其成功原因深刻研究。于是，部长在视线交流上比其他人要长、部长讲话的同时运用丰富的手势动作也强化了他讲的内容之类的特点会让你受益匪浅。

观察他人的演讲或者报告也是学习的一种方式，但是除了多观察，还要多做即时模仿，将别人的优点化为自己的，**时刻发现自己的不足并进一步改善是演讲者应该具备的意识。**

2. 如何让发言变轻松

(1) 自信助你成功

冷静自信、淡定自如地表达自己意见的态度被称为 Assertive（自信果断的意思）。过去在美国的公民权运动和女性运动中所倡导的，及现在的领导人中所涌现的具有果断力的领导都表现了这种精神。

作为名词 Assertion，在日本又被解释成"自我主张"。但是说成"主张"，多少带了些忽视对方立场的主观意味，但是它本身又带有表达自己意愿的含义，所以，基于这层意思，我们将它解释成坦坦荡荡说出自己意见的精神和心态。

因此，"坦然说出你的想法"这种思维方式是正确的。

比如，你正要打一个很紧急的电话，同事来了妨碍了你，这时你应该如何表达？"我现在特别忙，等 10 分钟"，你说的是实情，但是你没有考虑到对方的心情。这样的做法是以自我为主场的主张，或者说是带有攻击性的反应。

其实人们发言时的态度大致有三种。第一种是沉着冷静、又有自信的果断型；第二种是比较情绪化、语言苛刻的攻击型；第三种是不愿表态的服从型。

也许你是那个不爱表态的服从型。这样的人总是忍耐压抑自己，也许某一时刻会在沉默中突然爆发变成了攻击型。其实稳重的人、乐观的人也有压抑自我的时候。所以要采取中庸的方式，掌握好平衡，有了想法就冷静理智地说出来。

考虑对方的感受，说出自己的想法之前加上"不好意思啊"、"对不起"、"失礼啦"之类的词就会让对方更容易接受。

(2) 搜集成功实例及具体数据

无论在会议上、演讲或报告会上，听众里一定会有持否定意见的人。比如即使这么做也没有预算、现在人手可不够之类的评论，自己的发言被否定，如果听之任之，好不容易得出的想法就会付诸东流。

针对这种情况，**平时多搜集成功事例或具体实例，出示给提出否定意见的人**。可以说："其实，商会山本董事也提出了同样的问题。不过 3 个月前我已经与财务部沟通过，最后他们已表示 300 万的预算可以保证，所以不用担心。"

你在推销医疗器材时，负责人说："听医生说了，你们的医疗器材很贵。"这时不必去争论，只要拿出成功例子来说明就好。"其实，旁边的大山医院也这么说过，我让他们试用了 3 个月。现在他们院长非常满意，都在推荐我们的产品呢。品质上我们是有自信的。"这种成功的例子自然更有说服力。

如果在游戏中心，碰到客户抱怨你的机器很难抓到 3 个 UFO，这时也不要争论或分辨，给他们看取胜获得奖品的客户的照片，事实胜于雄辩。**人们看到成功的实例，自然就会安心了。**

这些对于你的发言同样适用，平时多搜集相关的具体实例会给你带来帮助。

3. 让会议为我所用

(1) 开场表明赞成或反对

如果想让会议按照自己所设想的方向进行，对于向左还是向右、赞成或是反对，最好先要表明自己的立场。

知名记者大宅壮一先生在被约稿时，会首先问清楚方向是什么？按照哪一种立场来写。作为名记者的大宅先生很清楚，立场确定后就很容易下笔了，并且也说明他是位头脑灵活很有智慧的人。

在会议上，这个我赞成，是因为……那个我反对，理由是……先表明演讲者的立场再发言，这种做法除了可以训练自己理智的思考能力，也能对会议产生影响力。

除此之外，**表明立场发言**，也容易让听众感受到演讲者的自信，即使他的立场不对也不会影响到听众的印象。

有一种做法比较冒险，就是不作任何考虑，直接表示反对或赞成。

先表明"这个观点我赞成"，为了获得听众的认可就必须努力找出可以说服他们的依据。从好的方面来讲，这个做法有时能发掘自我的潜力。

通常，education 都翻译成"教育"，其实这个词还有"唤醒沉睡着的、隐藏着的力量"的意思。平时我们常看到在会议中不爱发言的人，有时突然会表示赞成或反对的意思，周围的人很是惊讶，这是他本人开发了自我能力的表现。

(2) 理性阐述多于感性诉求

我们经常会在政论节目中,看到立场不同的西方人在进行辩论,虽然节目明知是安排好的,但也有的嘉宾是在完全进入角色的状态下讲话的。当然为使讲演生动有趣,投入感情是比较好的。

但是,在开会的场合中,少些感性的表述,以逻辑分析为中心更容易获得听众的认可。当然,讨论主题一般都是与业务相关的,比如解决方案、提案,因此更重视数据及逻辑思考,这与通常意义上的演讲或一般谈话存在很多不同。

同事间的套路经常用到的感叹词,如厉害、特别的、十分、也许、大概这样之类感性的词语属于情绪的表达,在正式场合上最好不用。

在会议上,"占有率为24%,销售额为24亿元,费用增幅为7.5%"之类需要以数字来说明的必须清楚准确,并且表达方式也不能是感性的畅所欲言,而是在事先缜密的准备前提下完成的。

相反,朋友间的交谈,这种感情自然流露的表达方式却是适合的。总之,一般情况下的演讲使用的感性表达方式,不能运用到以理论为中心的会议上。

譬如，前几日到名古屋的一家企业做培训，讲了题外话"最近托快车的福，比平时早到达了22分钟"，或者"今天比昨天热了4℃到5℃"，自然这些都是日常对话，相比的确很快、今天非常热之类的表达要好些。

讲话方式要根据地点、情况进行相应变化。

(3) 预测会议的走向

会议有所谓的情势及走向，也就是有现场的情绪或气氛。

第二次世界大战结束后，有些政治家和军人说："我们本来是反对战争的。"结果人们质问道："那你们当时在军事会议之前怎么不说？"他们回答："当时的气氛下说不出来啊。"由此看出政治家或贵族们在当时的情形下不敢违背大多数人的意志。

所谓会议的走向，就好比牛仔和牛群的关系。牛仔的任务是带领牛群从东部走到西部，而且他们非常熟悉牛的习性，并能灵活运用。牛群在开始时都是左看看，右望望，甚至到后面逛逛，根本不听牛仔的指挥。但是只要聚在一起，按照一个大方向行进，任何一头牛都不会逆流而行。

会议上的发言人要学习牛仔的做法，即能预测到会议的发展走向,从而制定出相应的对策。

"好,这个提案有获得赞成的可能。"如果你能得出这样的判断,那就准备好对应的数据资料、讲话方式,让会议按照既定方向推进和展开。

(4) 延长与关键人物视线交流的时间

前面我们谈到视线交流的基本原则是"一句话对一个人",就是说一句话面对一个人时视线不要转移。

但是当处于希望得到有决定权人的首肯、无论如何都想得到医生的许可等情况下,这时不必考虑"一句话对一个人"的原则,建议延长与关键人物视线交流的时间,一直注视着关键人物,直到他点头表示赞同。

总之,对于拥有决定权的关键人物,在会议上与他的视线交流最好比其他人长一些。

英语里有个说法叫作"yes taking"。例如:"如您觉得不错的话,请务必购买一台。"说的同时要一直注视对方的眼睛,对方点头之前不要转移视线。

相比日本人,欧美人有更重视视线交流的习惯。譬如,演讲者若是不看着对方讲话,听众会认为他在撒谎、他不够自信。

当然，讲话时若完全不看对方，重要人士或是关键人物会觉得怎么都不看这里，因此会产生不满。

(5) 先提出结论，再详细说明

前面讲到列举内容重点的重要性，这一点对于会议发言来说是非常重要的技巧。首先，请牢记这个顺序，先提出结论及整体概要，再加以详细说明。

当今的电视新闻节目常用这个做法，总体来说是先整理出焦点头条或依时间顺序说完新闻重点，再分别介绍各则新闻的内容。

让观众先看到新闻标题或概要，再进入详细内容。

也就是说，当我们在会议中报告时，可以直接提出："我认为，应该赞成引进自由选定时间制，原因在于……"先举出论点，再进行详细说明。

就如同前面介绍的"以下讲话内容有三个要点，第1点……第2点……第3点……"把结论归纳成3点的做法也同样适用。

和普通演讲的要求一样，会议内容也应该简单易懂。为做到这一点，先提结论、主题，然后再详细说明。

但是，**如果论点所提及的内容会产生负面效果，为不引**

起听众的反感，开始时只提概要更为合适。

例如，不要上来就说"今天谈谈涨价的问题"，而是说"我们来谈谈商品的价格"，接着详尽地说明理由，最后再表明"因此涨价 1500 元，请各位考虑"。

(6) 解决问题的 5 大步骤

最后，介绍一下使会议能够有效解决问题的讲话方式。

会议中如果有必须解决的问题，就不能单方面要大家发表意见或建议，必须利用下面五大步骤保证会议能顺利进行。

解决问题的 5 大步骤：

①明确指出问题的根源。

②点明由此产生的弊端。

③找出是否有解决方案。

④指出此方案会产生的结果。

⑤陈述结论。

这里，举出两个实例：

实例一：

①问题：我所在部门加班增多的问题。

②弊端：因为过度劳累，已造成两位职员生病住院。

③解决方案：建议雇用两位兼职人员。

④效果：销售部门仍能专注原来的业务，有助于促进销售。

⑤总结：因为加班的增多，致使某些员工生病住院，于是建议雇用兼职人员，最终确保销售额的提升。

实际开会时，一般都是针对各个项目交换意见、出示数据，会议的时间自然会被延长，只要按照上述5大步骤进行，就可保证会议有效果。

实例二：

①问题：公司内部的沟通不良。

②弊端：造成业务进展不顺利、生产效率降低。

③解决方案：定期举办内部沟通会议以促进交流。

④效果：结果显示公司内部交流得到改善，生产效率得以提高。

⑤总结：公司内部交流不畅，造成生产效率降低，建议定期举办沟通会，既可以促进交流，又能提高生产效率。

如何获得听众的赞同？

① 开场表明赞成或反对

② 多理性阐述，少感性诉求

③ 预测会议接下来的发展

④ 延长与关键人物的视线交流时间

⑤ 先提出结论，再详细说明

⑥ 解决问题的5大步骤

4. 应对否定式质疑的方法

（1）何谓否定式质疑

前面提到听众里一定会有持否定意见的人，对付这些人最好的方法就是事先予以封锁。

下面要讲的内容，不只是针对投诉处理、处理方法的研究，会议发言或者报告说明也同样适用。如果碰到强硬的反对意见，切不可消极地说"你就当我没说过"。

请注意，这里要讲的是对否定式质疑的处理方法。

如果碰到"什么时候实施"、"要花费多少预算"之类的问题,其实这些不算否定式质疑,而是自然的提问。这时就正常回答,当然若涉及商品知识,平时还需要多学习。一无所知如何能回答听众的问题?

所谓否定式质疑,是类似于"就算是定期会议,现在这么忙,难道不强人所难吗?""因为我们部门没拿到预算,就不行吗?""两年前就提出过这个计划,没成功,难道这次就能成?"这样的问题。

(2) 如何应付否定式质疑

那么,我们看看如何应对和处理否定质问的具体方法。

对策 1 在质疑前自问自答

雄辩技能中有一种另类方法叫自问自答,就是当你觉得有人"可能会产生质问"时,自己提问,然后自己回答。

基本上类似于:"你们认为会需要多少预算呢?实际上是 5000 万。""关键点是哪些呢?是啊,就是对方的立场。"向听众提出问题,然后马上做出解答。

这是防患于未然的一种做法,请自我体会一下。这样一来,碰到各种场合就都能想到对应的方法了。

"说到这里,想必有人会担心预算的问题。请不要担心,我这边可以确保有 2500 万的预算。"

"这里也许有人会问：'这么忙还开会，有必要吗？'但是这个会议每月两次，站着喝咖啡的工夫就能开完的会，时间并不是问题。"

当预料到反对者会提出问题时，先下手为强，自己回答。掌握了这一点就能提前封锁否定性的质问，自己的提案也更容易通过。

对策 2　向赞同者提问

会议的氛围其实在开始阶段就已决定了，同样的，演讲、发言、报告等其实在开始阶段对于问题的应答是否恰如其分就已经决定了会议的气氛。因此，**尽早地向赞成者（持肯定意**

见的人）提出问题，形成好的氛围，否定质问就难以出现了。

如何营造起"无法反对"的气氛？

前面曾介绍过，仔细观察听众，找出符合以下特点的人，自己的发言是否得到赞同就一目了然了：1) **面带微笑的人**；2) **频频点头的人**；3) **认真记笔记的人**；4) **对于笑话有反应的人**。

找到赞成者后，"讲到这儿，××先生您认为如何呢？""××先生，您的意见是……"这样提出问题后，对方本来就是持肯定意见的人，自然就不会有否定质问的出现。

如果站在主持人的立场，"谁有问题要问，请举手"这样说完就尽量选择赞成者来回答问题。

对策3 请自己人讲话

前面已经讲到，封锁否定式质疑最好的办法是营造无法反对的气氛，这就需要利用自己人。特别是人数众多的会场，**制造有利于自己的气氛，让否定之人感到这里没有可以提出反对意见的气氛**。

询问听众"大家还有什么疑问吗"？然后指明"前排右边第二位先生，请您谈谈。"让自己人回答。

然后,"说的是啊,非常好的观点。下个月 10 日开始吗?不能再早些么"?于是可以得到肯定的回答。

或者在仓促的时间内提出问题也是一个办法,就是问题抛出不久,"很遗憾,因为时间关系今天只能到这里了",在恰如其分的气氛下结束讲话。**会议的开始阶段如果一帆风顺,那么这个会议已经成功了一半,因此在何种气氛下结束会议极其关键。**

如果听众没有质问,演讲者却随意地抛出问题:"还有意见吗?""做何感想?"这种问话特别容易招来质问。而且提出问题后,时间却到了,于是会议在尴尬的气氛中结束。在没有问题时场合下,尽量让会议以良好的气氛结束。

5. 无话可说时的对策

(1) 总结别人的观点

不仅是在会议上,即便是朋友间聊天时,也会碰到无话可说的时刻。别人都侃侃而谈,自己却哑口无言,实在令人苦恼。

其实,日本人在国际会议上不爱发言是常见的情况。有人说:"让太爱讲话的印度人闭嘴,能让日本人开口发言,这个大会就算成功了。"过去社会党的村上先生在担任总理时，曾参加过在意大利举行的高峰会，结果整个会议只讲过两次话。

那么，如何才能开口讲话呢？也就是说什么才好呢？

有些头脑灵活的人采用了一种捷径，就是专心倾听别人的讲话。这就是搜集他们的发言并加以整理，采用这个办法无论是多么嘴笨的人都能让听众专心听他讲话。

"刚才山本先生谈了经济方面的问题，特别详细讲述了对下一个季节的展望。然后田中先生又向大家展示了关于全公司组织论的一些想法。"类似这样的讲话，**将他人的意见做了总结**。这个做法让听众对会议进展有了总体概念。

除此以外，**在会议的总结上加一些自己的建议**，这样更好。

例如，"对于山本先生关于经济问题方面的看法，我持相同意见"、"关于田中先生的组织论，以这个角度考虑如何？"，然后**适时加入一两句自己的话**，就成了非常出色的自我表述。

会议的节奏若是掌握得不好，内容就会流于旁枝末节，随时整理会议内容最终一定会有好的效果。

(2) 再提当天开会的主题

如果一时找不到话题或实在无话可说的时候，再提当天的主题也是个办法。

"今天的会议主要是关于公司内部的沟通问题"、"主要讨论引进新产品 ABC 的相关事宜"、"今天我们讨论了销售教育的方法"等等，再次重复当时的主题，**其实只要能开口，后面的局面自然就会打开了。**

有关其他人的发言或者当天主题的感想，甚至一时兴起所想到的话，只要是关于当天的主题的，都能让你的讲话轻松地继续下去。

不过，对于不善于临场发挥的人，还是事先做好模拟练习更稳妥些。

具体的方法是事先设想好 5 到 6 个题目进行练习，到时候根据情况拿出一个来马上就可以发言了。

例如"有关公司升职审查的事情……"、"关于弹性上班制度的引入……"、"有关下一期的项目管理……"等等这样说着，然后就能滔滔不绝地继续下去。时间不必太长。

模拟练习时 1 个话题用 30 秒就可以了，然后到正式上台的时候，只要提到 1 个主题，接下来就可以发言了。

**不必非要把话题引申得很长，30 秒、1 分钟，能说出自己的想法就可以了。

(3) 切换为"提问时间"

有时正在用电脑或幻灯机讲解时，机器突然发生故障导致发言中断，立刻改成"提问时间"是个有效的解决办法。

譬如：讲到这里大家有什么问题吗？在这个时间让听众重温会议主题，既可以免于浪费时间也可以整理一下自己的想法。

这个方法不仅限于机器发生故障的情况，在会场上遇到类似情况都可以使用。

如果你担当会议主持人，中间偶尔会说一句："大家现在有什么问题吗？"即使你不发言，也不会影响会议的进度。

或者是在你发言时，突然忘词说不下去了，也可以这样问听众："讲到这里，大家有什么问题吗？可以举手示意。"

这与一般的沟通交流相同，即使自己不发言，在对方讲完后，"这之后怎么样了？"、"大概多少人？"、"是什么时候的事情？"提出类似的问题来继续谈话。请记住"一个好的发言人也是一个好听众"，所以当不知道该说什么的时候，可以切换成提问来解围。

(4) 分享经验

所谓经验之谈、心得体会是无法复制、只有自己才知晓的事情，而且便于叙述，并能确保听众集中注意力。

现在介绍一种 5W1H 技巧，它能让你的故事栩栩如生，使听众身临其境。

例如，"这是 3 年前 8 月 12 日那天的事情。我们一家三口开车到神奈川县的镰仓。途中大约开了 1 小时，刚看到海的时候发生的事情"，这样的描述很能把听众带进故事里。如果说成"一家人去海边途中发生的事情"就差强人意了。因此讲故事一定要细致生动。

如果是工作场合，在与同事分享销售经验时，如果用以下的要点讲述你的体会，听众一定会听得津津有味。

例如："两年前 11 月的某一天，那天很冷。我在世田谷区做上门推销，走到上马交叉点位置的第二户人家的大房子前，看到院子里在烧落叶，旁边有个老人在烤火。走近一看我不禁叫出声来：'爸爸……'"

通常，讲到经验体会时，失败经历更容易引起共鸣。与他人的成功例子相比，"原来是这样失败的"、"这种错误我也犯过啊"，听众觉得有亲切感更愿意听下去。

清楚讲明经验体会的 5W1H

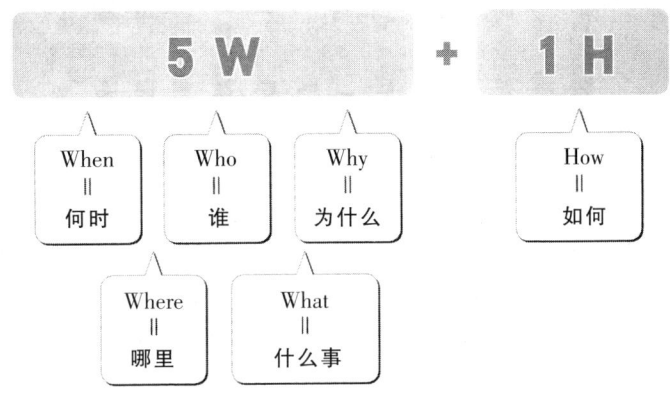

因无话可说而困扰时，采用以下方法

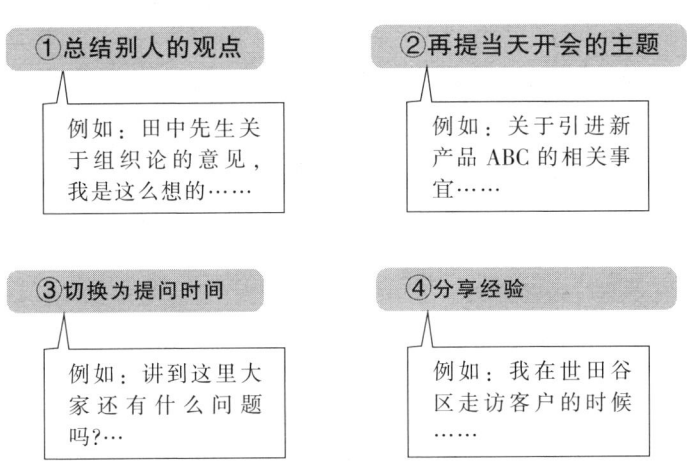

专栏5

理智一定会胜于情感吗?

50年前在美国发生过一件非同寻常的事。一个少年在轨道边玩耍时,不小心与电车相撞,造成双手截肢的惨剧。

尽管生命没有危险,少年还是将铁道公司告上法庭。大家都知道,在美国司法中有裁决由陪审团决定的制度,所以在做陈述时必须打动陪审员的心。

开始时铁道公司坚持认为:"轨道又不会移动,这是那个少年的责任。"

于是,律师做了这样的发言:"大家好,各位都有童年吧?我本人有个上小学的儿子。昨晚我和原告少年一起吃了晚饭,喝汤的时候看到他像小狗一样,整张脸凑到汤碗上舔食,连吃饭也是非常困难。我的眼泪不禁蒙住了双眼,这个孩子不该这样生活下去。如果一直这样……"

结果,陪审团一致判定铁道公司负有责任。理智上来讲少年是不对的,但是律师的一席话却深深打动了陪审员的心。

所以在发表讲话时,请不要忘记人是富有感情的,有时需要以情动人。

第6天　出色完成演示说明和经营提案

1. 说明会的准备

(1) 分析听众

和前面所述的 PRA 法则一样，报告会的准备工作绝不能马虎。

这里所指的报告会的准备包括电脑、投影仪、图表、录像等。

内容的构思及资料的制作十分重要，但是做好听众分析也非常重要。举个特殊例子，把面向孩子的教材推销给还没有孩子的人是毫无意义的，类似的实例其实不少。

首先，听众的年龄层、幽默感知度及主题内容都不尽相同。

过去我在做自我介绍时，常这样说："我叫桥本幸夫，与桥幸夫字相同。请多关照。"随着听众越来越年轻化，再提"桥幸夫的幸夫"，听众因为不熟悉反而一头雾水，因此必须要考虑到听众的年龄层,同时相应地调整自我介绍的方式。

何时有必要做报告说明呢?

这个环节如果仅仅在自我介绍部分一笔带过是不行的。

为了防止因为一时忘词而尴尬,根据年龄层的不同,我特意准备了猜谜、头部体操、有趣的段子三组活动。如果自己不了解流行事物,沟通交流自然无法顺畅。

比如过去曾有个热门节目——"好孩子、坏孩子、普通孩子",我于是准备了相应的讲义"友善问题、恶意问题、普通问题"。虽然现在这个节目还偶尔出现,但是如果不了解荻本钦一的那个人气节目就完全搞不懂内容了,而且现在不知道的人更多。

另外,题目是否有趣根据行业不同而各异。文科同理科、技术开发同销售,根据听众的不同,听讲态度也是千差万别的。

其中,外企具有他们独特的企业氛围,虽然不是全部但是他们的员工大多都比较有个性,因此说教式就不合适,采取自由发挥的方式更容易交流。

如果事先能对听众的年龄层、就职年数、专业,甚至出生地等信息充分了解的话,报告会就能进行得更顺利。

有句俗话叫"看什么人说什么话",所以事先做好听众分析,根据听众特点制定适合他们的方式,就能做出更好的报告会。

另外，如果能在正式开会前到会场做一次模拟练习，那就是最万全的准备了。

到会场熟悉过一次，心情也能轻松许多。通常，到陌生的会场做报告很自然地会产生紧张感，此外，现在的报告会都流行使用电脑来演示PPT，若是到会场后才发现电脑版本不符等问题就为时已晚了。

（2）搜集有关听众的信息

搜集听众分析需要掌握的6个要点：

①年龄构成。

②人数。

③职业。

④出生地、兴趣等个人信息。

⑤在职年数。

⑥希望了解与学习的主要内容。

总之，获得听众的信息，清楚地掌握对方的需求，并将两者融会贯通，就能做出出色的报告和演讲。

我曾有过一次失败的经历。当时的研究题目是关于谈判的，于是我按照通常的方式讲解了理论和技巧。但是，当天的听众最想听到的是关于谈判中涉及的"倾听"技巧。后来在研修结束的调查问卷中，结果大多数人的意见是"有关倾听技巧的讲解比较少"。

参考前面提到的要点，试着自己做一份听众分析项目确认单。根据听众的不同情况掌握相对应的内容，才能真正做好听众分析，从而帮助自己完成报告。

在正式演讲前尽可能地获取有关听众的信息，在做到充分了解听众的前提下做好演讲。

2. 让提案顺利通过的技巧

（1）一提案，一重点

如今经常听到"提案型销售"的说法。这是区别于过去传统销售的方式，销售方根据顾客的需求，积极地提供商品或服务。对于顾客而言，能获得符合自己需求的商品，因此顾客非常喜爱这种方式。

也就是说，销售之外的企划、提案越发显示其重要性。同时，不仅公司以外的销售，公司内部人员也希望能展示自己的企划或提案，因此大家更加迫切需要提升演讲或报告的技能。

但是如今这样忙碌的时代，不可能花费几个小时来听讲，

有时站着几分钟就能完成提案。我曾为不少企业开设过研修班，听到将近80%的学员表示："做一次提案，一般15分钟就够了。"

能让重要的客户拿出时间来听说明，这种时刻大多数人都是很迫切地要把自己的内容讲给客户。

不过，这种心情可以理解，但是如果报告内容信息量过大，客户反而消化不了而听不明白。

因此，1个提案只有1个重点就足矣了，即牢记"1提案1重点"。"今天的题目是关于经费的"、"今天的主题是日程"、"今天谈论人员问题"等简明扼要谈一个主题就好。

(2) 强调对方的利益点

不管是与人交谈，还是做报告、提案或是谈判，这里的共同点是"以对方为中心"，因此，只有深入考虑听众的利益，才能做到理想的表达方式。

大多数人在做销售提案时，喜欢强调可能性和事实，或者突出自己的提案有多么出色。然而，**无论经济利益上有多大，如果不符合顾客的要求，那么这个销售是失败的**。也就是说，无论你如何强调"可以获得利润哦"、"现在开始降低保险金了"、"燃料费很划算"等等，如果客户说"我们重视的是设计",那么你这个销售案完全背离了初衷。

所以,需要强调的是,要结合顾客的需求并考虑他们的利益。不过若是仅仅强调"这个手册封皮是皮制的",这还不能带给对方好处。

如果加上"是皮制的啊,非常耐用"、"外形高贵,令人喜欢"等,这样的表达,才能让对方了解其优点以及自己的"所得"。或者,不是"重量为250克非常轻"这样单单陈述事实,而是"分量轻,便于携带",强调其特点。

要经常问自己哪些能给对方带来好处,并时刻放在心上。

(3) 反复强调提案的重点

有人说:"人们如果同一件事听了6遍,就不太容易忘记了。"做提案时,如果反复强调同一件事,就会给对方加深印象。

并不是说要重复每一句话,而是**反复强调提案的重点或对方能得到的好处**。

请大家回想一下电视广告,反复听到或看到10遍甚至100遍以后,"裙子飘逸"、"斯卡特拉1号、电话2号、3点的小点心"……只要听到这些声音,脑子里马上浮现该商品和厂家的名字。虽然根据年代不同观众对这个广告的反应也不尽相同……

所以在做提案的过程中,要反复强调对方能获得的利益。

例如,"所以,请您务必使用这个节省空间的商品"、"××不占地方,因为它的节省空间的特点特别受欢迎"等要不断地加以强调。

常见的做法是将重点总结成一句话,然后不断重复,对方一定会牢牢记住。

(4) 使用肯定语气

做提案、报告的时候,让对方感受到你的自信你才能获得信任。

比如在做产品说明时,一个销售很自信地说:"这个产品性能稳定,能保证连续使用5年。请务必使用5年。"态度坚定显得十分自信。然而另一个人看着就缺乏自信,嘟囔着:"我想大概可以使用5年……"显然,顾客面对第二个人自然会产生疑惑:"真的能用5年吗?"

表情、手势、视线、声音的强弱这些非语言元素,同样能体现一个人的自信。所以**强有力的动作、淡定自若地与对方视线交流都是极其重要的行为**。

除此之外,最好多用肯定句。比如"绝对没有问题。我可以保证"、"放心吧，一定能达成"、"肯定行"之类的句式，可以充分展示你的自信。

如果对方无法从你的态度上感受到自信，很容易对你的话产生怀疑。

使提案顺利通过的方法

①一提案，一重点

例："今天我的提案是……"

②强调对方的利益点

例："现在买的话利息会很多。"

③反复强调提案的重点

例："总之，这样省空间的商品您还是尝试一下吧！"

④使用肯定语气

例："请放心，我们一定能完成。"

3. 演示说明的基本技巧

(1) 加强视觉效果

我们每天获得的信息中80%都来自于视觉,因此我们有必要在视觉效果上多下功夫。

演讲与演示说明两者间最大的区别是什么？做演示说明时一定会用到视觉器材或者是实际物品。如果不使用这些器材物品,就变成了演讲。

例如,电脑、投影仪、OHP、幻灯、录像,或者黑板、白板、图表、书面资料,演示说明通常采用这些器材或物品使得观众更好地了解演示内容。若是没有上述这些器材物品的辅助而进行说明,就只是单纯的演讲了。

肢体语言的利用也是能吸引观众目光的技巧,虽然不是视觉器材,但从诉诸视觉效果这方面来讲,同样也是有效的方法。

信息从何处而来？

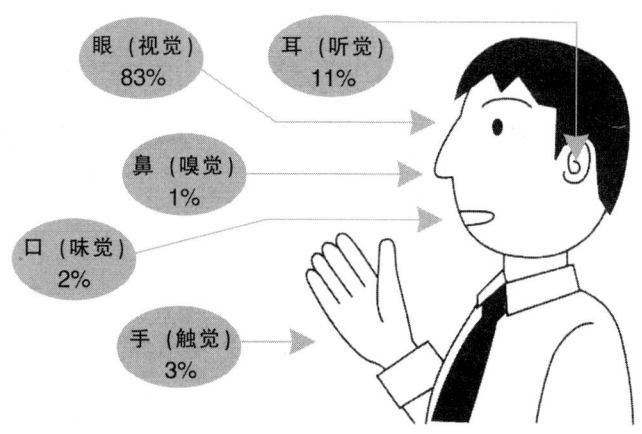

另外，视觉化中"简洁明了"是关键。例如，就像大家熟悉的澡堂、卫生间，使用颜色标志来区分男女，大家只要看一眼就能马上识别，这种使用图案、标识的方法非常有效。国际共通的标识方法，红色代表女性、蓝色代表男性，即使不用文字同样能清楚明白。

文字可以传达意思，而图案、标识的特点是让人一看就能明白。

（2）数据比较法

商业活动中数据的使用必不可少，**演示说明**、**提案报告**

中若是不引用数据就缺乏一定的说服力。然而，数据使用方面有一项基本原则就是"数据比较法"。使用其他的方法当然也可以，只是单纯地列出数据是达不到说服的效果的。

例如，"上个月销售额提高了 7%"，这样的数据可有可无。如果这么说，"上月提高了 7%，相比两个月前的 2.5%，三个月前的 1.5%，的确是急速增长"，听众听得清楚，看得明白。

提到数据，不是单纯地表达数字的多与少，而是**通过比较才使数据更具备意义。**

譬如，仅说"体重 50 公斤"，单独讲出来无法判断这是重还是轻。如果有比较对象，这个数字的意义就会发生变化，如用小学生与高中生的体重相比较，小学男生的 50 公斤是重的，高中男生的 50 公斤就算轻的了。

总之，结合报告主题引入数据，比较数据就会发生相应变化，**因此数据（信息）的合理选择非常重要。**

举个例子，A 校与 B 校进行棒球比赛，A 校反败为胜。第二天，A 校支持者会说："A 校惊天逆转，获得胜利。"而 B 校支持者却强调说："第 5 局上半场 4 号选手山本打出了全垒打。"总之，演示说明会上可以自由地选择使用信息。所强调的内容会相应地改变对方的印象，这也是演示说明中特别需要注意的地方。

(3) 以手势强化表达

这部分要讲的是，**讲话时，以手势传达内容十分必要**，即英语所表达的视觉之手。比如在列举第一名、第二名时伸出1只、2只手指，做出了视觉效果。或者，说"像这么大的球"，两手比画球的大小。另外，"正在开车的时候"，摆出手握方向盘的样子，这些都是视觉之手的实例。

其实，在日常生活中我们经常使用手势动作。但是因为紧张，一旦上台讲话，手势动作却出不来了。

陈述内容时自然地配以手势动作，用语言来描绘，听众就会觉得清楚明白，那么在想起来的时候就不妨做做。

常用右手的人，右手灵活而左手比较笨拙，而左撇子的情况正相反。所以在给听众做示范动作的时候，记得要用相反的手。

例如要讲"提起右肩"这一动作时一定要举起左手，因为在演示提起右肩时对面的人看到的是左肩。说提右肩而抬左手，对方看到的是右侧的动作。另外，在讲解图表坐标时要用左手指点，右手做出手势动作，这从观众的角度来看更为协调。

（4）直面每一位听众

经常有人对我说，"听松本先生讲话，就像是与我对话一样"，原因在于我的确是在面对每一位听众在讲话。

如果不是"心对心"地交流就不能成为专业演讲者。为实现这个目标必须做到充满诚意、像面对10多年的知己一样去讲话、投入感情、选择能引起共鸣的题目、语调抑扬顿挫等等这些说话技巧目前为止已经介绍了很多。

现在我们从身体语言的角度来教大家一个重要技巧。我花了将近10年的时间才摸索到这个技巧，先将结论告诉大家。各位如果能做到这一点，你的讲话效果将会完全不同。

这个技巧就是身体的方向。通常情况下在台上做演讲或演示说明时，身体都面向观众。如果在宽大的会场上身体一直正向面对，那么注视左右两边观众时，观众会觉得演讲者斜眼看自己。

我发现只有演讲者的身体朝向与视线方向一致的时候，观众才会觉得演讲者在与他面对面讲话。

例如，面向右侧观众讲话时，不仅是眼睛，身体也转向右侧，右边观众可以真切地感受到演讲者在对着他们讲话。左边的情况也如此，所以在注视观众时身体最好也随之变换方向。

演示说明的基本技巧：

① 加强视觉效果。

② 数据比较法。

③ 以手势传达内容。

④ 面对每一位听众讲话。

4. 回答提问的技巧

（1）应对提问的模拟练习

每个电话销售员一般都有一本问题处理手册，熟练掌握了手册内容后才能正式开始销售工作。

例如，如果客户说"价格还是很贵啊"，手册里一定注明了标准答复。

具体来说是："您说的是，不过价格高是有理由的。"先认同客户的说法，再进行解释说明，这就是"Yes·And法"的销售谈话技巧。或者，"正因为价格高才要向您推荐"还有这种鹦鹉回应法。这样的销售谈话技巧将在后面详细介绍。

让我们先设定类似于电话销售一样的情境，进行模拟练习。

人们比较关注演示说明内容的模拟练习，而对于答疑的相关练习却做得较少。**设想一些能出现的提问，让朋友假扮成提问者进行模拟练习是个比较好的方法。**

重复模拟练习的效果是即使遇到突然有人发问，也能应付自如，便能给听众留下非常好的印象。

对于无法应对的提问的应答技巧：

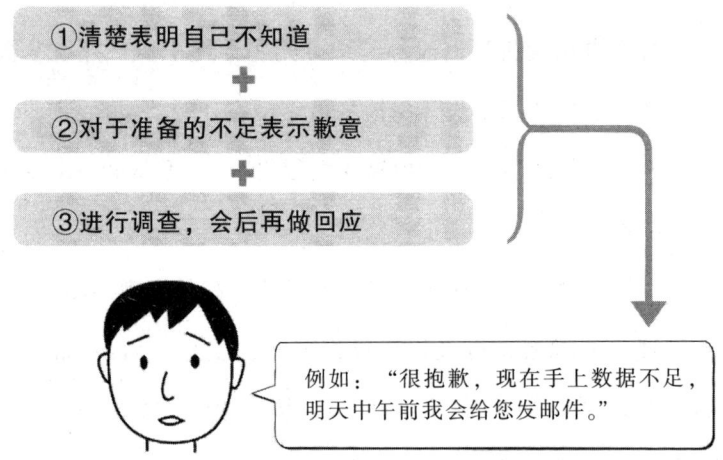

（2）不能应付了事

对于提问最不可取的态度是随便应付。

例如，"关于这件事，手上没有数据，所以我也不清楚"。面对提问，这种态度的回答绝不可取。

但是，若只是表示"稍后再联络"后便无所作为，就变成不负责任的应付了。

此外，"也许不是这样的"之类模棱两可的表达也不合适。清楚地说出是或不是，要养成这样的说话习惯。然后，再表明不了解、不懂，也是演示说明时该持有的态度。

譬如，"关于这件事我不太了解，稍后由中村部长作详细说明"、"很抱歉，现在我也不清楚。下个月就能出结果，到时候我会马上与山田先生联络"等，**向听众表示还会进行后续的工作**。

总之，是否以听众为核心，是否将听众放在最重要的位置都能从你的讲话方式和态度中体现出来。

5. 善于利用 TWA 法则

（1）何谓 TWA 法则

在欧美国家，TWA 法则就是 "Training with Amusement"

（在娱乐中学习），即 amuse 部分的 amusement（娱乐）中（愉快地进行研究和学习）。

T=愉快的，W=简单易懂，A=投入情感。

在做演示说明时，最重要的就是要对自己付出的努力感到快乐。请大家回想一下前面提到的《论语》，"知之者不如好知者，好知者不如乐之者"。做演示说明也一样，做成一场愉快的报告会最理想不过。那么，这个 T（愉快的）中，包含了愉快的传达方式。请参考一下电视广告，不仅限于游戏，各种商品的展示都令人愉快，很显然对于愉快的表达方式都下足了功夫。

接下来 W（简单易懂），到目前为止讲到的技巧与方法都已包含其中。肢体语言、视线交流、各种各样的谈话技巧可归结为"简单易懂"的技巧。

视觉化也如此，视觉器材的使用也是为了实现简单易懂。我们前面也提到过"演示说明会难就难在如何将难懂的事说得简单易懂"，请牢记这一点。

那么最后，就是 A（热情）了。

我最近经过不断练习，终于能在卡拉 OK 唱出桑田佳佑的"白色恋人们"了。但是，专业歌星桑田佳佑能让千万人花钱买 CD 来听，我唱得再好也没有人愿意听。一句话，这就是专业和业余的巨大区别。

这是为什么呢？原因在于，创作者付出了其他人没有看到的辛苦与努力，对于这首歌曲他倾注了比任何人都多的感情。

做简报及提案的时候也一样，经过反复练习失败之后再重来，在这个过程中便会慢慢产生热情。当我们产生热情后，就会自己所要报告的内容产生感情。这样一来，不论别人提出什么问题，我们都会积极的回应，所产生的能量自然也更加有力。

TWA 法则：

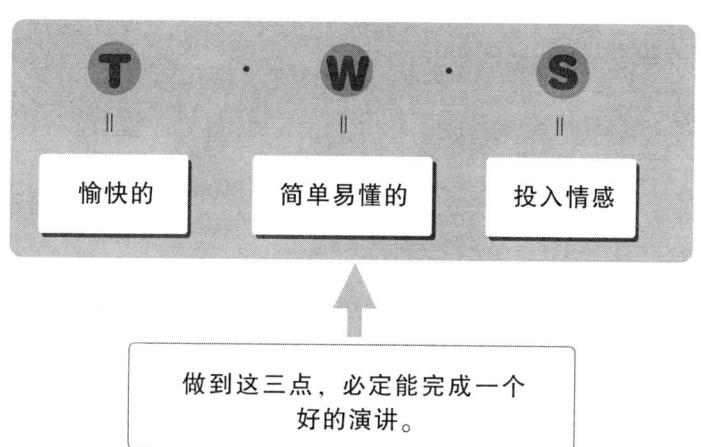

(2) TWA 法则的 5 个要点

要点 1　保持微笑

肢体语言中给人印象最深刻的是表情。发布同样的内容，一直板着脸还是保持微笑，给听众留下的印象完全不同。

工作场合，若是严肃地做报告，听众听得紧张，整个气氛就会变得沉重压抑。

特别是**在开场自我介绍和致谢时，应该面带微笑，**给听众留下亲切开朗的印象。另外，如果对演讲充满自信，也务必把这种自信传达给听众。

要成功就请从微笑开始，请牢记这一点。

要点 2　尽量口语化

有些人说话浅显易懂，原因在于他们讲话时多使用通俗的口语。

举个例子，他们不说"因业务扩大而变得繁忙"而说"工作很多"，或者把"销售额正在滑落"说成"降低"或"有点儿少"。

另外，也要尽量避免使用八股文，像"感谢诸位莅临此处"；或不好分辨的同音异字，例如："势利"与"势力"；

或是会引起误会的用词,例如:"异形"与"一行"等。

所以在一般情况下,建议在与友人交谈时采用简单易懂的表达方式,但要记得注意礼貌,虽然要口语化,但不表示可以随便说话。

要点3　每天练习

在研修班上,我曾经派给学员与他们工作不相干的题目作为演讲主题。例如让从事电脑工作的人做一份有关饮料行业的演讲。

大家做得很开心,到了第二天,学员俨然一副饮料行业销售人员的姿态做了讲演。之后问他们的感想,都表示"不断重复练习的确找到了感觉"。所以说,演讲的素材即使是关于其他行业的,只要每天不断练习,对自己所报告的内容就会逐渐熟悉而产生感情。

要点4　适当加入笑话

在气氛合适与听众熟稔的情况下,加入些笑话效果会更好。在我的研修班开班第一天的下午,一般我都会加入些笑话或与主题相关的有趣的话题。

例如:"说到诈骗电话,上次我太太接到诈骗集团打来的电话，说我儿子被绑架了，但我只有一个女儿，我太太把电话递给我，说：'喂，你在外面生的儿子被绑架了，快拿钱去赎他。'逗得我们全都笑了起来。"

请记住，笑话最好要切题，并且尽量简短，不要太长又偏离主题。

要点5 真诚致谢

对于得到演讲的机会以及增加实际经验的事要心存感谢，"能为大家做演示说明是一件荣幸的事"，向听众表达谢意。表达感激之情，在话语里最响亮、最动人的词语就是"谢谢"。

我有一位做咨询顾问的朋友，他在研修班上总是时刻不忘说谢谢——"谢谢你提的意见"，对于提问者也表达谢意——"山本先生，谢谢你的提问。"

对方不断得到感谢，心情十分愉悦，同时说话人自己的心情也变得轻松了。TWA 的 "A" 是指热情和感情，这里同样包含感激之情。请大家经常说谢谢吧！

6. 当提案遭到反对：活用销售谈话技巧

（1）Yes·And 法则

过去"Yes·But 法则"被广泛利用，即首先认可对方的否定意见，之后再加以反驳。

例如，"这间房子有些贵啊！""是的，的确有人这样说过。但是与其他公司的产品相比，从品质上看……"从"是的，但是"的说法来看，这是"Yes·But 法则"。

然而，从对方的角度考虑，这个方式不太合适。"但是"很明显否定了对方，然后又插入说明。即使从普通会话上看，"可是"、"但是"后面的内容通常都不讨好。就算谈论的是关于主题的内容，但是对方被否定后，气氛只会变得尴尬。

总之，Yes·But 法则不可取，因此建议大家采用"Yes·And 法则"，这一点不仅适于销售谈话，即使对于日常的沟通交流也需要人们下一番功夫。

譬如，"的确价格是比较高，其实是有原因的……"、"很多人这样反映过，那么我就详细地……"像这样的表达方式，在说过 Yes 认可对方后，使用"其实"、"可是"之类的接续词进行说明。你会发现,这样的效果与使用"但是"时完全不一样,给对方的印象也大不相同。

(2) 鹦鹉回应法

利用对方的反对意见来说服对方,叫作"鹦鹉回应法",也称为"山谷回声法"。

例如,如果对方说"现在没有钱","正因为没有钱,那么为某些急用准备一些是否更有必要呢"?或者对方"现在孩子还小"拒绝时,用"小的时候开始准备岂不更好吗"这样的方式来对应。

不是说任何时候都可以用这个技巧,否则会显得无趣,只有在合适的场合下才会有好的效果。

Yes·And 法则、鹦鹉回应法、销售谈话的根本原则在于这是被对方拒绝或反对时才使用的谈话技巧。

因此在一般的沟通交流中,碰到对方拒绝时使用这些法则,效果会很好。

例如,对方说"最近比较忙,没时间见面"时,就可以回答说:"就是因为太忙,才需要赶快找时间见个面啊!关于之前的事还有些不明白……"这样就是鹦鹉回应的方式。

在各种各样的场合使用销售谈话技巧，就能变得更加善于沟通了。

(3) 假设法（二选一法）

这个方法是在对方无法做决定时，利用"如果"来引导对方的做法。

例如："假如要买的话，黑或白哪个更好呢？""如果买到手后，放在哪儿好啊？""如果年中能交货就做好了，准备在哪里保管？"

"如果"是一种假设，不可能对遇到的事情都用质问的形式表达出来。在使用中，通常配合有"二选一"的选择答案。

几天前我和朋友去吃拉面，碰到一位服务员就很擅长用这个方法。在我们点好菜后，他问道："如果想喝点酒的话，是要喝红葡萄酒还是白葡萄酒？"我们想都没想就回答："红葡萄酒吧。"但是后来又想了一下，"哎？其实，不点酒也可以啊。"大家都笑了。服务员很自然地问，我们就习惯性的回答了。

"如果"的提问方法是非常有价值的销售语言。

（4）回旋镖法

这个方法是将对方的反对意见或报怨直接重复一遍的方法。

例如，对方说"有些贵啊"，于是你就用"您觉得有点贵啊？"来回应。或者他说"型号太大了"，你就说"您认为型号太大了吗？"。

对方提出意见，你以同样的方式回应给对方就像回力镖一样。对方的意见变成问题返回到原处，对方被自己的问题问倒，一时不知如何作答。

反之，因为商品到货延迟，你因此生气地打电话质问对方："原定的星期四交货，怎么还不到？""还没到啊？"对方这么一问，你一时不知该如何反应，只好说"怎么办？尽快查一下。"这时对方回答："真对不起啊，我们马上调查，有了结果马上通知您。"

就像回旋镖一样，用同样的话回应对方，可以让对方激动的心情平静下来。开始就马上道歉的话，只会让对方的不满更加深一层。将对方的反对意见或不满情绪重复一次，可以有效地舒缓对方的情绪。

(5) 反问法

遇到对方提出反对意见，以反问的形式回应。

例如，对方认为"这个设计不怎么样"，你的回应是"哦，那您看是哪部分不好呢？"或者，对方说"没有预算"，你可以说"如果是这样的话，什么价格能在您的预算之内呢"，以这样的方式回应。

以反问方式回应的话，对方一时无法作答，这个时候就可以用其他方式继续协商了。

另外，若对方说："不是还早呢吗？"对于这种近乎拒绝的回答，你可以说："觉得早的话，您看什么时候更合适呢？"也是以反问回应的方式。

没有经验的销售员常常因为"客户说不行"悻悻而归。显然他们从开始就没有过类似"钱不是问题，这是个非常好的商品。您先拿着"之类的表达。面对拒绝，能以专业的销售语言回应，才能成为优秀的销售员。

主要销售谈话技巧？

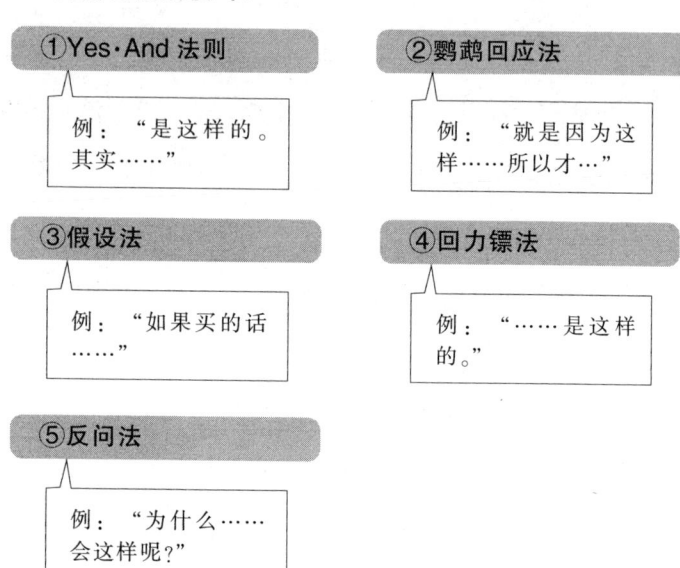

第7天 突发状况 & 危机处理

——培养可以应对各种局面的能力

1. 演讲陷入困境时

（1）无人倾听时

本来在奋力地做着演讲然而听众却毫不捧场，这实在是令人烦恼的事情。比如在研修中进行小组活动时，就出现过听课生只关注于小组间的话题而完全无视我讲话内容的情形。

对于这样的场合，大致有两种处理方法。**一种是用更高的声音大声地说出来。另外一种是沉默下来等待**。

首先，在人数较少时将麦克风调整好，用"各位"、"可以了么"等大声地讲话使听众集中精神。听众人数多的场合，为将大家的注意力集中过来，两手展开，使用肢体语言，用眼睛吸引他们的视线。

如果在比较嘈杂的场合，在确认听众的视线投注到你那里后，什么都不要说，先静默一会儿，听众面对突然的寂静会"哎",会很纳闷。

然而,选择沉默的时机很重要,必须要仔细观察听众的状况,再审慎决定。如果是在听众因饭后产生困倦、下班后的会议上大家都十分疲惫的时刻,也就是说在大多数听众无法将视线集中到你这边时,上述方法只会产生反作用,因此必须注意。

一般情况下,通过麦克风大声讲话还是比较有效的。我本人常常以按铃的方式来提请听众注意。

极端些的话,将会场的灯光熄灭一段时间,听众定会注意听了,不过还是将这个办法作为最后的手段吧。

(2) 遭遇嘲笑、起哄、反对时

演讲失败也有责任完全不在听众的情形,比如因演讲极其沉闷使人困乏,这是演讲人的责任。不过若是因为前一天睡眠不足直打瞌睡,那是听众的问题。有时候,听众也会因个人家庭矛盾心烦而出现无法专心听讲的情况。

"嘲笑、起哄"当然是听众的问题,掌握破解方法是十分必要的。

首先,可以按之前介绍的方法预先采取一些措施,或者在演讲前请司仪事先讲明"如有任何建议或疑问,演讲后还有时间，请届时一起探讨"等，这样可确保重要的部分顺利进行，如果这样还发生起哄的情况，那只能怪对方的行为不端了。

遇到起哄、嘲笑或反对时最不该采取的方式是现场争论。如此一来，演讲无法继续、听众对你的评价也会产生落差。人们对于同听众进行吵架的演讲人，自然不会留下正面的印象。

如何应付唱反调或找麻烦的人：

①无视他，继续演讲。

②取消演讲。

③停顿一下。

④告诉听众，有疑问稍后解答。

⑤用笑话反击。

稍稍施加点颜色无视那些捣乱之人继续演讲是最好不过的了，如果实在艰难，"今天就到这儿吧"就此结束演讲也未曾不可。对于那些人这种态度绝对是重大打击，可称之为非常性治疗。

对于"反对"之类大声聒噪的时刻可以暂停一会儿再看情况,让反对之人自惭形秽,稍后,你便可以坦然继续你的演讲,或者表示"稍后我们再解答疑问"后仍照常进行。总之不能因起哄、嘲笑或反对而改变你的正常演讲。

高明的人遇到起哄、嘲笑时,会立即用笑话反击,不过这是最高级的技巧,不建议初学者尝试。

(3) 忘词或语塞时

演讲过程中突然忘词或语塞时,如何应对呢?

最不可取的是因为无论如何要进行演讲而敷衍了事,这种做法只会带来更糟的结果,所以因忘词而尴尬时请一定要冷静,最好可以稍停一下,好让自己镇静一下。

先深吸一口气,呼气时集中注意力,将气力集中后再吐出,副交感神经得到刺激,感受压力的程度会立即减小。

之后为平复心绪,可以离开演讲台,稍微走到台前讲话,或写板书等,不要始终站在原地不动而是应该讲话的同时移动身体。

总之,为防止演讲期间忘词或语塞,做好必要的准备才是关键的对策,比如,重要内容做个笔记、提出可以得到肯定回答的问题、事前模拟练习也必不可少。另外，正式讲话前，做些轻度跳跃或伸展运动，都能有效防止紧张感的产生。

(4) 不小心穿帮了

粉饰、夸大自己真正实力以外的东西是绝不可取的。这种做法终有露出破绽的时候，到时候必定会失去他人的信任。

但是，万一不小心穿帮，错误被人发现了，我们还是有必要了解穿帮时相应的对策。

首先，最不可取的是继续伪装下去并试图挽回，这种明知故犯、自欺欺人的做法只能让事态恶化下去。

"准备不充分，非常抱歉"、"今后努力绝不再犯这样的错误"、"下次一定要做得更好些，对不起大家了"，**向听众坦白并承认错误**，表明补救措施才是上策。

这种做法不仅适于上台演讲，其他场合也同样适用，但还是要尽量防止这种穿帮事情的发生。在听众面前诚实地展现自己，不知为不知，大方地承认，再以自己全部的实力把内容传达出去。

(5) 跑题了

有人在讲话过程中，"啊，说到哪儿了？"突然发现断了思路，或者想要说的结论突然无影无踪了。

无论如何都想不起结论时，可以再重提一次当天的主题。虽然主题不能作为结论，但在听众会以为演讲者是在总结当天的题目。

将内容返回正题的"承接语"?

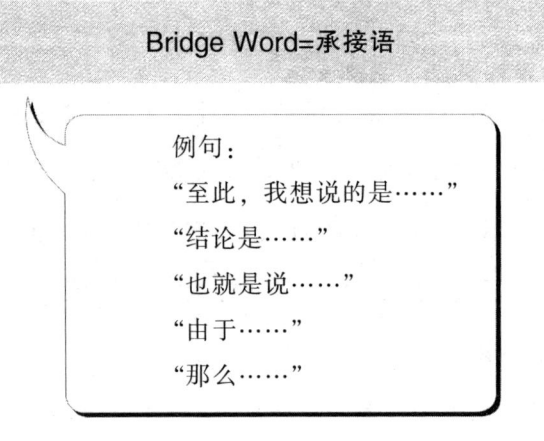

例如，"我今天的关于'长时间会议与沟通'的演讲就讲到这里"或者"弹性工作制引入的相关讨论今天就到这里吧"，以这样的形式再次点名题目或主题来结束会议。

另外，在演讲过程中经常使用"我想说的是"、"结论就是"、"总之"之类的"承接语"，可以帮助自己找回谈话的主题。在日常生活中多加注意，并养成使用的习惯，以确保平时讲话中不会丢掉脉络。

当然，最好还是将结论先记下来，万一出现特殊情况可以有备无患。

(6) 听众表示"听不懂"时

难于理解的话题有以下共同点，如能规避就能完成一场简单易懂的演讲。

首先，一针见血地说出结论，尽量不要使用专业名词或外来语，当然在有外国企业或同行参与的场合使用是没有问题的。总之并不是说要严禁使用。

其次，内容不要太长，针对演讲要做些短时间、没有术语的模拟练习。特别是语音不要拉长，例如"我啊……"、"也就是呢……"、"所以啊……"，要改掉这样的说话习惯。

强调要点时，可以加上"在这里我要说的是""今天的重点是"、"请大家务必注意这里"、"这里要提到的是"等前置句。如果啰唆半天，没有重点，"不知道他在说什么。"听众会对你表达的内容产生迷惑。

此外，讲话的语调要抑扬顿挫，如果始终一个腔调，没有起伏，即使你的论点是正确的，听众也会听得乏味无聊。

让听众听不懂的原因，有以下几种：

① 拐弯抹角绕来绕去（迟迟未提出结论）

② 专业名词、外来语过多。

③ 内容太多，驳杂

④ 语气词过多（哎、呃、啊等）

⑤ 不能清楚地梳理出重点或主张

⑥ 语调、节奏平淡，没有强弱之分

2. 会议中遇到突发状况

（1）想独排众议时

在会议进行中，有时自己的意见会和全场人士或已做出的整体结论不同，又必须说出来。这时，如果直接就说"我反对"、"我认为不对"，必定会招来大家的反感。

这时，大多数人会选择服从，"就这样吧"、"自己什么都不说，也没什么大影响"，这样选择妥协，保持沉默。

但只要懂得方法，即使是独排众议，也可以表现得很有技巧，更能展现自己的能力。

在会议进行中，可以先对前面发言的人予以肯定，然后再说出那个和大家不同的意见。

例如："我认为山田部长的提案非常具体。另外，福田次长的意见也值得参考。不过，我想到一个稍有不同的方案，大家看这样如何？"**先是肯定前面的发言，然后再提出自己的观点。**

或者，若是前面没有人发言，你在开始时可以这样说："也许大家会觉得很奇怪，我的意见比较奇特。""作为建议，您看如何？"这些是可以缓和气氛的说话方式。

类似这些话并不是辩解，不是对自己的发言缺乏自信，需要解释。这里只是选择一种比较缓和的说法，将自己的意见所造成的负面影响尽量减小。

(2) 想提出反对意见时

当我们的意见遭到反对或否决时，一定会想说出反驳对方的话。

前面也曾讲过，说出"这可不对"、"错啦"、"我不这么认为"之类否定对方的言语都是不可取的。这种做法会得罪对方，让人心生芥蒂。如果与听众发生争吵，那可是最糟糕不过的了。

首先，**无论遇到多么强硬的反对意见，不要率性而为，一定先要稳定情绪**。

然后，"原来你的意见是这样啊"、"明白了，也有人这么想的"，**先不否定对方的意见，而是接受下来**。或者这样表示，"很犀利的观点啊"、"是啊，是很好的见解呀"，表现出心平气和。

另外，绝对不能针对个人做情绪性的批评，要对事不对人。如果说成，"田中先生，你的想法很奇怪啊。这是错误的，正确的做法是这样"，想必对方是不会愿意听的。

首先要认同对方，再就是针对意见本身提出建议。例如："田中先生，很犀利的观点呀，有不少人也这样想呢。其实，我的想法是这样的……"这样说的话，即使说的是否定的意见，对方也会觉得你温和有礼，不会马上产生排斥心理。

(3) 错失发言的机会时

若在开会时你原本想发表意见，正犹豫着却被别人抢了先。这时的对策有以下两种。

一种方法是，稍等片刻，然后提出"还是关于刚才的话题"，再大大方方说出自己的观点。也许整个会议的流程因此被稍许打乱，但是只要是你认为非说不可或者是重要的提案，索性就坦然地说出来。

如果丧失发言的机会，该怎么办？

① "请大家再回到刚才的问题"——以此开头，进行发言。

② 在之后的答疑时间以提问的方式表达。

若是不想打乱会议或报告会的进度，那就等到会议结束后的答疑时间内以提问的方式举手发言也不失为一个办法。

例如："关于刚才的费用问题，就没有能节省费用的办法吗？"提出问题，然后接着说："比如，我这里的数据表明外部购买的话可以节省70%的费用。"以这样的方式提出自己的意见。

本来在提出意见时就需要拿出勇气，所以，平时应该多加练习。

（4） 被听众刁难时

所谓刁难，就是没有正当理由的挑剔和苛责。比如有些恶意的投诉就属于这种范围。

原则上，对于个别人的故意刁难，不去处理也无所谓。

如果你明明准备充分,正在解说数据,有人说:"这纯粹是纸上谈兵。没有任何依据啊!"

"你的观点很可笑啊,绝对是要失败的。"对于这种挑衅式的评论,你大可不必回应对方,因为这样的言语连否定式质问的层次都够不上。

有时若遇到对方纠缠不休,即使不理会对方,对方还是会坚持问下去,万一非回答不可,就不必说太多,只要敷衍一下就可以了。

如果回答的内容过多,又会引起对方新的挑衅或刁难,所以在回应时尽量谨慎,防止再给对方机会。

另外,演示说明会之前,必须针对可能出现的刁难状况做好对策。

若是与客户之间的商谈或开会,记住一个不成文的规矩就是"绝不让高层出面"。热衷刁难的人更希望闹到高层出面。总之,一旦发生有人捣乱的情况,处理的方法就是让被刁难的人赶紧离开现场,不要与刁难之人纠缠,交给其他人处理就好。

(5) 担任主持人时

你是否有过因为做主持人而不知所措的时候?

作为主持人最不能缺少的基本素质就是全局的掌控力。

大前研一曾说过，"一定要站在制高点上"。我在做主持人时常说，"爬到屋顶上去"。当然，并不是真要去登上屋顶，我的意思是就如同在建筑物的顶端往下看一样，**作为主持人要对整个会场的局势和情况了然于胸，让会议顺利进行，是非常重要的角色**。

另外，按照"计划占 8 分，实行占 2 分"来看，**主持人这个角色的成败在制定日程与准备阶段就已经见分晓了**。

作为主持人，最不可取的是"到时候再说"这是一种缺乏责任感的态度，掌握全局的工作可不是见招拆招就能胜任的。

总之，事先一定要经过排练，练习掌控整体流程与时间。

首先要在确定好整个流程，例如，用 30 分钟后进行这项讨论，再 40 分钟后进入另一个主题。事先做好笔记，进行中随时与流程对照确认。

这就和开车一样，不能没有缓冲的时间，就直接急速变换方向。为使会议进行得从容一些，需要设定 10 到 15 分钟的休息时间。

还有，在区分各个议题时，也要清楚而大声地把各个题目传达给听众。

3. 会议出现困难时

(1) 客户情绪不佳

人类是感性的动物，无法保证其一直处于好心情的状态。参加报告会的客户或上司也会有心情不好的时候。

这时，切记千万不要再长篇大论，不要为了缓解对方情绪而烦琐地说明。这么做反倒导致气氛的恶化："什么？别找借口！""别啰啰唆唆地讲了。"

报告尽量做到简短，将主题、要点说清楚才是关键。如果是对上司报告，就简单直接汇报结论。但是，需要注意的是，如果当日以简短汇报结束，下次必须要做个详细清楚的补充说明，简单说明只是暂时的权宜之计，不代表可以草草了事。

如果情况允许，遇到对方心情不佳的时候可以改日再谈。如果是不得不说的情形，就尽量让报告简明扼要。

(2) 如何让挑剔的客户感兴趣

销售行业中讲的 NO 不会是永远地拒绝。比如，开始的时候，客户们不会说"好啊，多少钱都会购买的"、"太棒了，这个提案非常好"。

客户通常都表示"很贵啊"、"这个设计不好"、"还早着呢"、"不是不卖么"、"和去年失败的情形一样"等等，都是否定的回应。

另外，有些客户也未必会对你的说明或报告抱有善意，特别是付钱方一定会吹毛求疵。

总之，客户里不可能只有诚实坦白的人，挑剔尖刻类型的人也大有人在。但是在商业活动中，不能对后者抱有偏见或恶意。那么如何引起客户的兴趣呢？

如何吸引客户的兴趣

①强调生意上的利益或好处。

②从客户情感的角度找出能引起共鸣的话题。

前面讲到了引起客户兴趣的两种方法。

首先，**无论是多么难相处的人，对于有利的情报或信息，他们都是愿意倾听的**。对于这样的客户，不要长篇大论地说明，而是直接表明"如果购买这个产品，您的业绩将提高20%。"先把好处说出来。

此外，多找些类似于兴趣、喜好、家乡等商业以外的话题。当你详细掌握了情况之后，有了共同的话题自然就会引起客户的兴趣。

例如："哦，山田部长是阪神的粉丝啊？我也是呀！""您有女儿啊，我也有个女儿。"有了这类共同的话题后，客户的情绪就会变得轻松愉快。但是面对特别古板的人，最好还是要马上回到主题。

(3) 客户不认真听时

有时，责任不在于演讲人，而是对方完全不听你的讲话。还有的人明明看着别的书，却说："听着呢，继续讲吧。"你是否碰到过这样的情况？

听众若是不好好听讲并且视线在别处，演讲者不禁会产生不安。例如，有些听众目光投向空中，心不在焉；或者你的上司听讲时总是看手表等。

遇到这种情形，最好是**改日再讲**。

做演讲、报告也讲究天时、地利、人和。天时，时机或时间非常重要。地利，当然是演讲或会议的场所和环境。

对于心不在焉的听众，你告诉他们"好吧，下周再详细讲解"，以坚决的态度改变天时。或者，"这里无法集中精神，换到接待室吧"，**选择对自己有利的场所**。

如果哪种对策都无效，就改变对象，请你的上司与客户的上司面地这也是促进人和的方法之一。

(4) 想帮助困境中的搭档

你的同伴在演讲过程中陷入困境，你想帮他一把，应该如何做呢？

我们常见的组合是，销售与技术两方结成搭档共同做报告。

销售人员一般对专业技术不一定擅长。同样，做研究开发的人员对于销售方面的问题也不一定答得出来。两方结成合作搭档，取长补短，针对各种场合做好准备，并对演讲中出现的突发状况做出相应的对应。

譬如，有一个人突然忘词了，于是另一个立即说："我这里有详细的数据，让我来做下说明。""他已经详细地做了说明，有问题的请问我。"及时对陷入困境的搭档施以援手。

另外，在会前的商讨阶段，可针对突发情况可以预先指定好解答问题的人。

例如，"木村先生还有更详细的介绍，稍后请他为大家讲解。"这样说明稍后的角色变换。

有时候根据情况，举手表示我有个问题，也可以对同事的意见给予善意的补充。

(5) 失败是成功之母

商务活动相关的报告会或演讲很少有只举办一次就结束的，因此，如何持续下去是保证业务进行的大前提。

前面也提到过，如果出现失误就大方承认，不要文过饰非，然后考虑如何继续下去。

做说明或报告谁都有过失败的经历。即使不是大失败，小的失误也一定发生过。

然而，**最重要的是失败之后的处理和对策**，特别是在商务活动上完成一个订单并不是结束，随后的服务或跟进都非常关键。

第一，冷漠的态度不可取。所谓冷漠，就是若对方提出问题，你只是随便回答、应付了事。

例如，客户问："这段时间比较困难，您觉得呢？""哦，是吗？""这周能交货吗？""不可以。"以这种语气回答的话，自然不会有后话了。

如果你的回答是这样的："面向下一季度，我们会制定新的计划，还请多关照。""下周后期还来得及。您觉得如何？我们保证一定送到。"加上后续的说明，那么双方的业务联系还会持续下去。

如果失败了也一样，不要只说："很抱歉"、"今天到此结束"，而应该把准备为达到成功而继续努力的态度传达出去，表现出积极的态度才行。

(6) 器材发生故障时

常出现的故障主要是器材设备不合，因此在发生此类情况时演讲者最好不要表现着急或慌张。比如，摇头、吐舌等，这种下意识的动作只能带来负面效果，将之前演讲留下的好印象毁于一旦，因此演讲者需要平静淡定的态度。

那么我们就需要设想好器材使用中可能出现的情况，并做好防御对策。

例如出现电脑死机、投影仪灯不亮的情况，可以请助手帮忙修复，这段时间可以向听众提问"进行到这里，大家有什么问题吗"，切换成答疑或休息时间。如果是演讲者个人进行修理，会影响流程从而浪费时间，所以尽可能请别人帮忙，同时利用这段时间把演讲继续下去。

其实省时省力的最好办法是事先准备好备用设备。使用电脑的场合准备投影仪，而使用投影仪的场合备好白板或图表。这些备用设备都是用来以备不时之需的,即使用不着也能以防万一并应对突发状况。

我本人每年几乎要举办将近200场研修班,真正用到备用器材的大概也就1到2次。不过这些演讲会即使发生紧急情况也能处理好,所以我能安心做好每一场。

如果情况允许,要考虑到观众的视角,可以从会场看向舞台来调整好画面。

另外,投影仪放到桌面上之后,坐在前面的人因为机器的某个死角而造成看不到画面,因此需要调整椅子的高度。还有,放映投影仪时画面的显示情况也受到放置位置的影响,所以这个高度也需要调整。这被称为"拱顶石"现象,不过现在新的投影仪都具备自动调节功能,因此上述现象已改善很多。

总之,对于器材设备可能发生的故障要做好心理准备,并相应地提前做好准备。

(7) 被多人同时提问

对于这个问题,有两点需要注意。

首先,表明谁有问题请举手示意,尽可能选择持认可态度的人,这样才能掌握全局。在多人同时提问时,**为了保持**

会场的良好气氛，一定要指定对自己抱着肯定态度的听众。

此外，不能让一个提问者占去太多的时间。

例如，有人问："这个项目在费用上没有问题吗？好像花费太多了吧？""不会出现这种情况，请放心！"你这样回答就可以了，不要从头说："不过，从昨天讲到的数据来看……"

或是在回答问题时，对着全体听众说："刚才有人提出了费用的问题……"这时，你可以与提问者做视线交流，但是，要把答案与全体观众分享。

针对提问需要注意：

①报告者要掌控全局。

②与全体听众分享答案。

接下来要进行实践啦!

总结

积累经验，反复实践

我已将有关演讲、说明报告会的基本内容全部倾囊相授了。大家若能认真练习和实践，7天之后将不会再有人认为自己笨嘴拙舌并大大改善自己不善言辞的缺点。

"人们在做过6次同一件事之后就会难以忘记"。因此，书中介绍的技巧及诀窍如果仅实践一次是远远不够的。

视线交流的重要性、使用手势、举出具体实例及投入感情等等，还有很多技巧需要反复练习，不停地积累经验才能精益求精。想成为说话高手，你至少需要重复做6次练习，让身体及脑袋都完全记住才行。

"PRA法则"的重要性，大家还记得吗？无论是多么不善于讲话的人，只要做足准备，遵照规则，并带着感恩的心态去发表讲话，不久的将来一定会成为专业演讲者。

PRA中的A不仅意味着让你带着感恩的心态，用真挚的感情去发表演讲，同时，还有"Action"的意思，就是行动。所以说，最重要的还是实践。

哲学家培根曾说过："知识就是力量。"

而我更喜欢富兰克林的说法："知识要经过实践才能真正地成为力量。"

在这7天里，你已经克服了上台恐惧症和紧张感，并将迈入更高的阶段。只要按照本书所介绍的原则和方法不断练习，保证你一定会成为专业演讲者。接下来就只能靠你的不断实践了。

最后，向各位致以最诚挚的感谢！祝福大家！

松本幸夫